신일본어학총서 72

日本語 助動詞「みたようだ」에서 「みたいだ」으로의 変遷史

김보은

# はじめに

　ことあらためていうまでもなく、言葉というのは時代によって変化するものであり、これからも変化していくだろう。宿命みたいなものである。

　よく知られているように推量の意味を表す助動詞「らしい、ようだ」は室町時代の昔から使われているが、今日に至るまでその使用の意味にも形態素にもあまり変化が見られない。ところが、同じく推量の意味を表す「みたいだ」の場合は、いささか事情がことなる。「みたいだ」の古形「みたやうだ」はすでに江戸時代に現れているが、明治前期に「みたいだ」の形になって姿を表してから、たかだか百年ちょっとしか経っていないのに、その使用の意味にも形態素にも驚くべき変化が現れている。

　「みたいだ」は明治期を前後として東京地域で形成された。文献上では『墨染桜』明治23年(1890)が「みたいだ」の初出作品であるが、その使れ方はきわめて制限的であった。文脈的に冷笑的ないし自嘲的なニュアンスで使われ、言語的な位相からいえば、あまり高くない表現の形式である。

　大正・昭和前期に入ると、明治期で低俗的表現ないし冷笑的なニュアンスの「みたいだ」が中立的な意味の表現へ転換していくのが確認できる。「用言(動詞)＋みたいだ」の形式が現われる『雪国』と「推量」の意味を表す「みたいだ」が登場する『旅愁』の時期は

「みたいだ」の質的変化が現われる時期である。そして昭和後期は「みたいだ」の使用の頻度が爆発的に増加する時期である。

　明治期を前後として形成された「みたいだ」は、昭和後期に一般化すると同時に「体言や活用語の連体形に付く」という辞書的な枠組みからも解放され、断定回避の「みたいだ」の登場を招く。とくに、1980年代は「みたいだ」の質的変化の劇的な分岐点と言える。

　断定回避の「みたいだ」が頻用するまでの前触れとしては、「みたいじゃないか」のような形態があげられる。推量の助動詞「みたいだ」に「～じゃないですか」とか、なかば相手に問いかけるような形を使うのは、聞き手の同意をいちいち取り付けることで、発話に伴う責任を聞き手にも分担させて話し手の責任を軽減する、いうならば聞き手をとりこんでの共犯化とでもいえるような心理だと思われる。自動詞とともに「みたいに見える」「みたいに思える」「みたいな気がする」「みたいに聞こえる」のように使うのは、話し手がじかに断定するよりも慣用句的な表現をすることで不特定化をはかり、聞き手との関係においても対人関係上のある種の拘束力が弱められるからであろう。

　それだから直接的引用を回避する言語心理から「～という」「～というような」の代わりに「、みたいだ」を使ったり、前の文章をあたかも引用句のように名詞扱いしたり、重い内容を軽量化したり、ソフト化する時に使ったりするのである。このような意味での「、みたいだ」は話し言葉はいうまでもなく、文学作品、新聞、週刊誌、広告のコピー等々に至るまで枚挙に遑がないほどである。これは「相手を傷付けることを避けてぼかした表現」、「自分の気持ちを人に説明するときの添え言葉」以上のひとつの文化的現象と言っていいか

もしれない。
　日本人の心の底に流れる言語心理から、断定的に言うのをよしとせず、あいまいな表現にこそ、敬意や慎み深さがあらわれるというその文化的遺伝子ともいうべきものが断定回避の「みたいだ」多用の根底にあるのだろう。そういう問題意識から「みたいだ」の分析にとりかかったのが、本書である。

目 次

· 머리말 · 1
· 목 차 · 5

第1章 序論 · 9
    1.1. 先行研究 ·· 12
    1.2. 問題提起 ·· 20
    1.3. 研究方法과 範囲 ·· 22

第2章 資料의 分析 · 31
    2.1. 明治 前期(1868-1888) ··· 31
        2.1.1. 文学作品의「みたいだ」··································· 31
        2.1.2. 学習書의「みたいだ」······································ 38
        2.1.3. 辞典의「みたいだ」·· 43
        2.1.4. 결과의 분석 ·· 45
    2.2. 明治 後期(1889-1912) ··· 45
        2.2.1. 文学作品의「みたいだ」··································· 45
        2.2.2. 学習書의「みたいだ」······································ 74
        2.2.3. 辞典의「みたいだ」·· 79
        2.2.4. 결과의 분석 ·· 80
    2.3. 大正・昭和 前期(1913-1945) ································ 82
        2.3.1. 文学作品의「みたいだ」··································· 82
        2.3.2. 学習書의「みたいだ」···································· 108

2.3.3. 辞典의「みたいだ」………………………………… 116
    2.3.4. 결과의 분석 ………………………………………… 118
  2.4. 昭和 後期 ……………………………………………………… 119
    2.4.1. 文学作品의「みたいだ」…………………………… 119
    2.4.2. 学習書의「みたいだ」……………………………… 146
    2.4.3. 辞典의「みたいだ」………………………………… 153
    2.4.4. 결과의 분석 ………………………………………… 157
  2.5. 平成期 以後(1989年 以後) …………………………………… 159
    2.5.1. 文学作品의「みたいだ」…………………………… 159
    2.5.2. 学習書의「みたいだ」……………………………… 191
    2.5.3. 辞典의「みたいだ」………………………………… 193
    2.5.4. 결과의 분석 ………………………………………… 196

第3章「みたいだ」의 形成과 拡散 過程・199
  3.1.「みたいだ」의 形成期 …………………………………………… 199
  3.2.「みたいだ」의 定着期 …………………………………………… 203
  3.3.「みたいだ」의 完成期 …………………………………………… 206
  3.4.「みたいだ」의 拡散期 …………………………………………… 208

第4章 結論・213

・참고문헌・217

日本語 助動詞「みたようだ」에서
「みたいだ」으로의 変遷史

第1章
序 論

　본 研究는 現代 東京語에서 日本語 助動詞「みたいだ」의 形成과 定着 過程을 通時的 視点에서 分析・記述하고자 한 것이다. 周知하는 바와 같이,「みたいだ」는 現代 日本語에 있어서 가장 폭넓게 쓰이고 있는 表現 形式 중의 하나임에도 불구하고, 그 形成 過程과 定着 過程에 대해서는 그다지 注目하고 있지 않은 실정이다. 따라서 本 研究에서는 새롭게 발생한 言語表現形式이 어떠한 過程을 거쳐 定着되어 왔는가에 焦点을 맞춰 分析을 진행하고자 한다.

　本 研究와 관련하여 日本語 助動詞「みたいだ」가 가지는 言語的 素性을 살펴보면 대략 다음과 같이 정리할 수 있을 것이다.

1. 「みたいだ」는 現代 日本語에 있어서 口語에서만 주로 사용되는 特性을 가지는 表現 形式이다.
2. 「みたいだ」의 発生 時期는 明治 時代로 現代 日本語에 使用되는 表現 形式 중에서는 최근에 形成된 것이라 할 수 있다.
3. 「みたいだ」가 나타내는 의미는 크게 様態와 推量으로 나눌 수 있다.

○ ブタみたいによく食べる人です。(様態)
○ 明日は雨が降るみたいですよ。(推量)

위의 3과 관련하여 名詞(体言) +「みたいだ」는「様態」를, 動詞(用言) +「みたいだ」는「様態」와「推量」을 나타내는 統辞的 特徴을 보인다. 이에 따라 本 研究에서는 특히 다음과 같은 점에 主眼을 두어「みたいだ」의 定着 過程을 살펴보고자 한다.

첫째,「みたいだ」의 定着 過程을 각 時期別로 分類하여 調査・分析한다.[1] 이 같은 過程을 통해서「みたいだ」가 形成된 時点과 現代 日本語에 拡散된 時点을 분명히 할 수 있을 것이다.

둘째,「みたいだ」의 定着 過程을 話者의 年齡과 性別 등에 焦点을 맞춰 調査함으로써 新生語의 定着에 대한 社会言語学的 接近을 시도한다.

셋째,「みたいだ」의 統辞的 特徴과 意味와의 관계를 살펴본다. 특히「推量」의 意味를 나타내는「みたいだ」의 発生은 現代 日本語의「みたいだ」의 拡散 過程에 중요한 역할을 한 것으로 생각할 수 있을 것이다.

넷째, 이와 같은 接近을 위하여 文学 作品뿐만이 아니라 각 時期 別의 日本語 学習書를 살펴본다. 그리고 日本語 辞典은『新版 広辞林』(1968)에 이르러「みたいだ」가 표제어로 제시되고, 助動詞로 분류됨에 따라 日本語 辞典에 보이는「みたいだ」에 관한 記述을 相互 比較함으로써「みたいだ」의 定着과 더불어 그에 대한 認識의 변화 과정도 살펴본다.

다섯째, 조동사「みたいだ」가 어떤 용언도 수반하지 않고 단독으로, 断

---

1) 松村明(1977)에 의하면, 東京語의 성립과 발전 과정을 明治前期, 明治後期, 大正期, 昭和前期, 昭和後期 등으로 나누고 있다. (p.166-168)

定을 회피하는 의미로 사용되는 것에 따른 일본인의 언어심리를 살펴보고자 한다.

　이와 같은 점에 主眼을 두어 本 硏究의 分析은 진행될 것이며 우선 論述의 순서상, 먼저 先行 硏究를 槪觀하고 보다 구체적인 硏究 方法을 記述하고자 한다.

　「みたいだ」에 관련된 先行 硏究는 손꼽을 수 있을 정도의 수효로, 從來 이 分野에 대해 그다지 활발한 연구가 이루어져 오지 않았음을 指摘하지 않을 수 없다. 이와 같은 現實을 前提로 지금까지 이루어진 「みたいだ」에 관련된 先行 硏究를 말한다면 크게 보아 두 가지의 흐름을 확인할 수 있는데, 「みたいだ」의 初出 時期에 焦点을 맞춘 硏究와 「みたいだ」의 意味・機能에 초점을 맞춘 연구가 그것이라 할 수 있을 것이다.

　前者는 通時的인 視点에서 「みたいだ」를 분석하고자 한 것으로 총 3편의 논문이 확인된다. 먼저 「みたいだ」의 初出 時期를 밝히고자 한 湯沢幸吉郎(1944)와 原口裕(1974)가 있으며, 宮地幸一(1968)에서는 夏目漱石의 작품 속에 보이는 「みたいだ」의 調査를 시도하고 있다.

　後者는 모달리티 형식으로서의 「みたいだ」의 意味・機能을 파악하고자 한 것으로 寺村秀夫(1984)를 비롯하여 益岡隆志(1991), 仁田義雄(1991), 三宅知宏(1995) 등을 들 수 있다.

1.1. 先行 研究

1.1.1. 「みたいだ」의 初出 時期에 焦点을 맞춘 研究

여기에서는 本 研究와 직접적인 관련이 있는 前者의 研究를 중심으로 주된 要点을 정리하고 先行 研究의 문제점을 살펴보기로 한다.

먼저 湯沢幸吉郎(1944)와 原口裕(1974)에서는 「みたいだ」가 「みたようだ」로부터 발전한 형식이며 그 初出 時期를 각각 明治 28年(1895)과 明治 23年(1890)으로 主張하고 있다. 兩者가 주장하는 初出 例는 다음과 같다.

  ○ そりやあ何うせ中洲の彼人見たいにやア行かないのさ。
  　　　　　　　　　　　　　　　　　　　　　　（大さかづき、二）
  ○ 貴郎を疑がツて、先程見たいな事を云はれますか。（墨染桜）

위의 두 用例는 모두 川上眉山의 作品을 근거로 하고 있다는 점에서 공통점을 보이고 있으나 그 어느 쪽도 明治 前期를 넘지 못하고 있다. 이 두 논문은 「みたいだ」의 形成 時期가 明治 期임을 実証的으로 분석한 최초의 논문이라는 점에서 意義를 찾을 수 있을 것이다.

이에 대해 宮地幸一(1968)에서는 夏目漱石의 작품에 보이는 「みたようだ」와 「みたいだ」의 用例를 조사하여 다음과 같은 図表를 제시하였다.

〈표 1〉 宮地幸一의 夏目漱石 작품에 보이는 「みたようだ/みたいだ」

| みたいだ |||| みたやうだ |||| 語 / 作品 |
みたいな	みたいです	みたいだ	みたいに	みたやうな	みたやうだ	みたやうで	みたやうに	
				4	2	1	7	吾輩は猫である　(明治38・1)
				5	1	1	1	坊ちゃん　(明治39・4)
				1				草枕　(明治39・9)
				3				野分　(明治40・1)
							4	虞美人草　(明治40・6)
				3				三四郎　(明治41・9)
				3			1	それから　(明治42・6)
				4	1		7	門　(明治43・3)
1		1	2	2	1		2	彼岸過迄　(明治45・1)
1	1	1	3	4		1	4	行人　(大正元・12)
				3				こころ　(大正3・4)
				1				道草　(大正4・6)
9	1	1	3	6				明暗　(大正5・5)

위의 図表로부터 夏目漱石의 경우 明治 末年에 이르러 「みたいだ」가 등장하고 있음을 알 수 있는데, 특히 같은 作家의 作品 속에서 「みたようだ」가 「みたいだ」로 転換되어 가는 過程을 일부나마 보여주었다는 점에서 注目되는 成果라고 할 수 있을 것이다.

그러나 위와 같은 연구는 「みたいだ」의 語誌的인 接近에 치중되어 있으며, 그 調査対象의 時期도 극히 制限的이라 하지 않을 수 없다. 특히

本稿의 主眼点가운데 하나인「みたいだ」의 사용에서 社会言語学的인 背景이나 現代 日本語에 이르기까지의 定着 過程은 고려되고 있지 않다. 따라서 本稿에서는 明治 前期부터 현대에 이르는「みたいだ」의 形成과 定着 過程을 使用 背景에 焦点을 맞춘 分析이 시도될 것이다. 특히 昭和 期에 접어들어「みたいだ」의 拡散 過程을 밝히는 것은 本 研究에서 처음 시도되는 작업이라 할 수 있을 것이다. 이를 통하여 現代 日本語에 있어서「みたいだ」가 가지는 意味・機能을 보다 깊이 있게 이해할 수 있을 것으로 생각한다.

1.1.2.「みたいだ」의 意味・機能을 파악하고자 한 研究

「みたいだ」의 意味・機能을 파악하고자 한 研究는 주로 현대 일본어의 모달리티 형식과 관련하여 폭넓게 논의되어 왔다. 따라서 이 경우의「みたいだ」의 意味・機能은「推量」의 구체적인 내용을 분명히 하는 작업과 연계되어 왔다. 그리고 이 경우,「みたいだ」는 ヨウダ의 口語 形式으로 취급되어 ヨウダ의 意味・機能에 부속되어 논의되어 왔으며, 동시에 ラシイ와의 의미적인 변별성을 추구하여 온 것이 일반적인 연구 동향이다.

이와 관련된 대표적인 연구를 열거한다면 ヨウダ와 ラシイ의 区別에 관한 研究가 寺村秀夫(1984)에 의해 提起된 이래, 柏岡珠子(1980), 早津恵美子(1988), 中畠孝幸(1990), 田野村忠温(1991), 益岡隆志(1991), 金東郁(1992), 菊地康人(2000) 등에서 활발한 논의가 展開되었다.

먼저 寺村秀夫(1979)에서는「概言」을 나타내는 助動詞로서 ダロウ,

マイ, カモシレナイ, ニチガイナイ, ラシイ, ヨウダ, ソウダ 등을 들고 있는데, 이러한 형식에 의해서 표현되는 意味를 記述하거나 説明할 때는 「推量」이란 概念을 이용하고 있다. 하지만 이 경우의 「推量」은 「推定」과 혼용되는 경우가 적지 않은데, 高橋太郎(1994)는 「推量」과 「推定」의 개념을 다음과 같이 구분하여 「みたいだ」가 나타내는 意味는 「推定」에 가까운 것으로 설명하고 있다.

> 推定は、推量と同様に話し手の判断をあらわすのだが、それが発話時のものとはかぎらない。推量(するだろう、しただろう)は、さそいかけ(しよう)、命令(しろ)、判断(する、した)等、他のモダリティーと同様、話し手の態度がいつも発話時にあらわれ、それをあらわす部分を過去形にする事ができない。これに対して、「〜らしい」「〜違いない」「〜はずだ」「〜ようだ」「〜みたいだ」など、「推定」とよばれるグループは、判断の時が発話時に限らないので、森鴎外の「雁」の例が「石原も女を見ることは見たが、只美しい女だと思っただけで、意に介せずにしまったらしかった」の中で「〜らしかった」であるように、テンスのカテゴリーを持つことになる。

이러한 형식에 의한 推定을 工藤浩(1982)에서는 真性모달리티에 대한 疑似모달리티라고도 한다.

한편 柏岡珠子(1980)에서는 ヨウダ 와 ラシイ를 제각기 「直接的인 判断材料」와 「間接的인 判断材料」에 근거를 두고 이들 형식의 意味・機能을 설명하고 있다. 이 경우 「みたいだ」는 「直接的인 判断材料」에 의한 표현 형식으로 취급하고 있는 것이다.

早津恵美子(1998)[2]에서는 直接的 情報와 間接的 情報라는 요인에 話者의 心的 態度를 첨가하여 「ひきよせ」「ひきはなし」[3]라는 용어를

사용하고 있다. 언어를 표현할 때에는 発話 主体에 직접 자신의 심리적인 영역이 형성되어, 자신의 영역과 그 이외의 영역과의 구별이 생기게 된다고 설명하고 있다. 따라서 어떤 事態에 대하여 판단을 내리는 경우에는 그 事態를 자신의 영역 안에 둘 것인가 밖에 둘 것인가를 선택을 해야 하고, 이러한 선택이 推量 表現에 있어서 ラシイ를 선택할 것인가 ヨウダ(「みたいだ」)를 선택할 것인가를 지배한다고 보는 견해이다. 즉 事態를 자신의 외부의 영역에 두려는 경우에는 ラシイ가 사용되고, 事態를 자신의 내부의 영역에서 취급하는 경우에는 ヨウダ(「みたいだ」)가 사용됨에 따라서 양자의 차이를 다음과 같이 설명하고 있다.

> 判断の根拠がどんなものであるかという要因と、判断の対象になる事態にたいする発話主体の心的態度がどうであるかという要因で

---

2) 早津는 寺村(1984)가「ようだ」와「らしい」를 客觀・主觀的 事實에 근거를 두고 설명하는 것은 문제가 있다고 언급하고 있다.(「推量のラシイは、推量のヨウダと共通する部分が大きい。客観的な事実を據りどころにして、概ねこうであろうと推量できるということを相手に言おうするときに使われる。『ようだ』と『らしい』の違いはその自分の推量の比重が大きいか他から得た情報によりかかる比重が大きいかの違いだと思う。(中略)『らしい』は、その話し手の推量が、自らの主観的判断よりも他から得た情報に基づくものである可能性のほうが高いという印象を受けるのに対し、『ようだ』は逆に、自らの主観を前面に出す傾きがある。) 이러한 寺村의 「主觀」・「客觀」이라는 개념은『日本語教育事典』에서 언급하고 있지만,「主觀」・「客觀」이라는 개념만으로는 설명이 애매하고, 개념 규정을 명확히 하지 않은 채「ようだ」「らしい」를 설명하기에는 부족하다고 지적하고 있다.
3) 事態に對する發話主體の心的態度としては次の二種類がある。一つは、判断の対象とする事態や判断の内容を自分に近いものとして捉えようとする態度(以下、「ひきよせの態度」とよぶ)、もう一つは、判断の対象とする事態や判断の内容を自分から一定の距離をおいて捉えようとする態度(以下、「ひきはなしの態度」とよぶ)である。

ある。換言すれば、発話主体の外側の要因と、発話主体の内側の要因といえる。ところで、判断の根拠として次の二種類の情報がある。一つは、発話主体が書物や他者の話など何らかの媒介を通じて得た情報ー以下、「間接的情報」とよぶー、もう一つは、発話主体が自ら得た情報ー「直接的情報」とよぶーである。

이와 같이 早津(1988)는 선행연구 寺村(1979)를「主観・客観」만으로는 ヨウダ(「みたいだ」)와 ラシイ의 구분이 어렵다고 지적하면서「話者의 態度・意識」의 차이에 주목하여 서술되는 事態와 話者와의 心理的 距離가 가까우면 ヨウダ(「みたいだ」)를 사용하고, 心理的 距離가 멀면 ラシイ를 사용한다고 한다.

한편, 中畠孝行(1990)[4]에서는 ヨウダ(「みたいだ」)와 ラシイ의 기본적인 성격의 차이를 不問하고, 오로지 抽象的인 意味 特性이라는 視点에서 両者를 비교하는 것이 有効하다고 비판한다. 따라서 中畠(1990)는 이들 形式은 基本的・本質的 性格으로서 처음부터 다른 것으로 취급하고 제각기 고유의 意味・機能의 차이를 다음과 같이 설명하고 있다.

「ようだ(みたいだ)」: 外見・様子・印象・現実界の描写などを表わ

---

4) 中畠(1990)에서는 感覺에 의해서 현실 세계를 묘사하는「ようだ」가 가지는 意味・用法에 推量과 婉曲이 있다고 언급하면서, 그 차이는 事態가 話者에게 파악되고 있다는 점을 지적한다.「めっきり寒くなったようだ」와 같이 직감적으로 취급되는 사태를 화자가 알고 있지만, 그것을 단정적으로 말하지 않고「ようだ」를 사용함으로써 婉曲의 의미가 된다고 한다. 그러나 문제는 實体験의「ようだ」가 사용되는 문장의「ようだ」를「らしい」로 바꾸면, 그 文章은「らしい」의 사용 의미 가운데「伝聞」이 된다는 점이다. 제시하고 있는 예문으로 推量을 나타내는「あの時計は曲がっているようだ」의 예문이「らしい」로 바꾼다고 해서「らしい」의 伝聞의 의미로 보기는 어렵다.

す形式。
「らしい」: 根拠に基づく事態の推定を表わす形式。
(「ようだ(みたいだ)」: 外観・状態・印象・現実界의 描写 등을 나타내는 形式.
「らしい」: 根拠에 依拠하여 事態를 推定하는 形式.)

그러나 이러한 구별은 양자의 차이만을 부각시킬 뿐이며, 결과적으로 이들 形式이 類義 表現 形式이라는 根拠를 희박하게 한다는 결함을 가지고 있다.

이와 같이 推定 形式에 관해 활발한 연구가 행해지고 있는 가운데 ヨウダ(「みたいだ」)와 ラシイ의 구별을 野林(1999)에서는 다음과 같이 일목요연하게 정리해두고 있다.

(1) 判断の根拠の質の違いによって、両形式の使い分けを説明しようとする研究。
................寺村(1979)、柏岡(1980)、早津(1988) 等
(2) 話者の意識の違いによって、両形式のニュアンス差を説明しようとする研究。
①述べられる事態と話者との心理的距離の遠近によって、両形式のニュアンスの差を説明しようとする研究。
................柴田(1982)、早津(1988) 等
②話者の自分の下した判断に対する責任意識の有無によって、両形式のニュアンスの差を説明しようとする研究。
................柏岡(1980)、金(1992) 等
(3) 両形式の本質的・基本的性格の違いを論じる研究。
.........中畠(1980)、田野村(1991)

이와 같은 논의를 종합하여 ヨウダ(「みたいだ」)와 ラシイ의 意味・機能을 정리해 본다면 다음과 같이 구분할 수 있을 것이다.

> 判断の根拠が、直接情報(話者自らが得た情報)の場合は「ヨウダ」
> (「みたいだ」)
> 判断の根拠が、間接情報(他から得た情報)の場合は「ラシイ」
>
> (判断 根拠가 直接情報(話者 자신이 획득한 情報)의 경우「ヨウダ」
> (「みたいだ」)
> 判断 根拠가 間接情報(외부로부터 획득한 情報)의 경우「ラシイ」)

그러나 이와 같은 분류는 判断 根拠의 質的인 차이에 注目하여「이러한 경우에는 ヨウダ를 사용하고, 저러한 경우에는 ラシイ를 사용한다」는 식의 両 形式의 使用状況의 区別만을 설명하고 있다고 할 수 있다.
이에 대해 菊地(2000)에서는 直接 情報・間接 情報대신에 ヨウダ(「みたいだ」)와 ラシイ의 의미 구분에 있어서 ヨウダ(「みたいだ」)는 直接 観察(体験)하고 推論을 덧붙일 余地가 없는 観察(体験)에 密着한 一体의 것으로 観察 対象의 모습을 서술하는 것이고, ラシイ는 直接 観察에 밀착하여 対象의 모습을 서술할 뿐만 아니라 推論을 첨가하거나 伝聞에 근거를 두고 判断 内容을 서술하는 경우에 사용된다고 본다. 하지만 이러한 주장 역시 결국 이 두 形式의 推定 用法만을 취급하게 되는 오류를 가져온다고 볼 수 있다. 따라서 ヨウダ(「みたいだ」)의 意味・機能을 명확히 하기 위한 文法的인 試図는 현재 진행형으로 보아야 할 것이다.

1.2. 問題提起

선행연구에서 살펴본 바와 같이 일본어 조동사 「みたいだ」는 주로 現代語에서 意味·機能을 밝히는 데에 연구의 중심이 있었다고 해도 과언이 아니다. 또한 이 경우의 「みたいだ」는 ヨウダ에 종속된 형식으로 취급하고 있는 것이 일반적이다. 이들 연구를 통하여 「みたいだ」의 성격을 ヨウダ와 마찬가지로 直接 情報에 의한 推定의 표현 형식으로 이해하고 있는 것이 현재의 상황이다.

한편 本 硏究의 주된 관심 대상인 「みたいだ」를 通時的으로 분석하고자 한 試図 역시 「みたいだ」가 明治 後期(1890年代)에 발생했다는 것과 夏目漱石의 작품에 보이는 「みたいだ」의 樣相을 조사하는 정도에 머물러 있다. 그 만큼 「みたいだ」를 독자적인 표현 형식으로 다루고 있는 論考는 찾아보기 어렵다고 할 것이다. 하지만 冒頭에서도 언급한 바와 같이 「みたいだ」는 현재 사용되고 있는 표현 형식 중 가장 최근에 발생된 것이며, 口語에서 주로 사용된다는 특수한 성질을 가진다는 점에서 그 生成과 定着 過程은 한 번쯤 충분히 검토되어야 할 필요성이 있다고 말해두고 싶다. 明治 以後의 文献 資料에 대한 口語性의 검증은 이 「みたいだ」의 有無가 가장 유력한 근거가 될 수 있기 때문이다.

따라서 本 硏究에서 다루고자 하는 「みたいだ」의 定着과 拡散 過程, 그에 수반되는 「樣態」 機能과 「推定」 機能의 분화 및 意味 外延의 형성 과정, 그리고 그와 같은 과정의 背後에 잠재해 있는 社会言語学的 諸 要因을 조사·분석하는 것은 이 분야의 연구에 새로운 試図로 자리매김될 수 있을 것이다.

특히 이와 같은 「みたいだ」의 定着과 拡散 過程에 있어서 動詞(用

言) + 「みたいだ」 形식의 定着 時期는 현대 일본어 「みたいだ」의 拡散 過程과 맞물려 중요한 時期가 될 것으로 생각된다. 그리고 예를 들어 「みたいだ」의 사용이 앞 문장 전체의 내용을 가리키기는 하지만, 断定을 회피하는 의미로 조동사인 「みたいだ」가 어떤 동사나 형용사, 형용동사, 명사, 부사 등을 수반하지 않고 단독으로 사용되는 다음과 같은 용례의 발생 시기도 本 研究의 視野에 두고자 한다.

「「自然現象ですか？」
「みたいなものですね。どうもそんな気がする」」
　　　　　　　　　　（丸谷才一、裏声で歌へ君が代、1982年）

「「私たちだって傷つくわよ」と緑は首を振った。「とにかくね、うちの家族ってみんなちょっと変ってるのよ。どこか少しずつずれてんの」
「みたいだね」と僕も認めた。」
　　　　　　　　　　（村上春樹、ノルウェイの森 上、1989）

2000年代에 이르러서는 다양한 형태의 「みたいだ」의 용례가 보이게 된다.

「俺だって、やまようと思えばいつでもやめられるんだけど。やめない自由、みたいなものを尊重したいわけ。この歳になると。」
　　　　　　　　　　（川上弘美. 古道具 中野商店. 2005年）

「「あほかい」と言ってこれを促し、「近いうちに裏返すわ」「きっとだっせ」みたいな親が聞いたら泣くようなやりとりを妓として、廊

下へ出て少し行くと、」   (町田康. 浄土. 2005年)

　이러한 현상을 문학 작품 속에서도 찾아볼 수 있다는 것은 일상의 口語体에서는 보다 빈번하게 사용되고 있다는 反證일 것이다. 이것은 앞으로 사용될「みたいだ」가 불확실한 斷定을 나타내는 助動詞로서가 아닌 독립된 형태로서 자리매김될 수 있는 가능성을 시사하는 현상이 아닌가 생각된다

1.3. 研究方法과 範囲

　「みたいだ」는 比況의 助動詞「ようだ」앞에 上一段動詞「見る」의 完了形이 겹쳐진「見たようだ」에서 생겨난 것으로 그 생성 과정에 대하여 大野晋(1991)는 다음과 같이 언급하고 있다.

室町時代の「正直ラシイ」「男ラシイ」などから現代語のヤサシイラシイが生じました。ラシイは目に見える根拠をもって何かを推量、推測するわけです。
このようにヨウダ、ソウダ、ラシイは由来も古く、安定性のある正当な表現ですが、ミタイは少し事情が違います。ミタイの古形は「見た様」で、江戸時代にようやく使われ始め、やがてミタイへと変った新型です。ですから森鴎外、芥川竜之介、志賀直哉の小説にはミタヨウもミタイも、ほとんど発見できません。

　「みたいだ」가「見た様だ」에서 온 것으로「~を見たような」와 같은 표현은 江戸의 式亭三馬의『浮世風呂』라든지, 十返舎一九의『膝栗毛』,『鯉丈』등의 작품 속에서도, 다음과 같이 사용하고 있음을 알 수

있다.

> 「牛房の切口を見たような眼の玉の、三ツ眼入道」
> 「大津画の福禄寿を見たような天へとどきさうな天窓ァして」

이와 관련하여 丸谷才一(1991)에서는, 다음과 같이 언급하고 있어 大野晋와 비슷한 견해를 보이고 있다.

> この「見たような」「見た様に」から、
>   「……みたいな」
>   「……みたいに」
> の型が生じました。これは明治維新後の語法ですが、漱石は明治期の作ではもつぱら「見た様な」「見た様に」です。彼が「みたいな」「みたいに」を使ふのは、大正期にはいつてから。たとへば『行人』に、
> 「朱塗の文鎮みたいなもの」

하지만 필자가 실제 漱石의 작품을 분석해 본 결과 丸谷가 지적한『行人』(明治45年) 이전에 출간된『彼岸過迄』(明治45年)의 작품에서 이미「みたいだ」의 용례가 보이고 있으며,『彼岸過迄』와『行人』에서는「みたようだ」와「みたいだ」가 서로 공존하고 있음을 알 수 있다. 그러나『道草』(大正4年)에서는「みたいだ」의 용례는 없고「みたようだ」의 용례가 하나 있었다. 그 후 大正5년의 작품인『明暗』에서는「みたようだ」의 용례는 현저히 감소하면서,「みたいだ」의 용례가 월등히 증가 추세에 있음을 또한 발견할 수 있었다.

이와 같은 상황을 감안하여 本 研究에서는「みたいだ」의 形成과 定着 過程을 파악하기 위하여 다음과 같이 時期를 구분하여 分析에 임하고자 했다.

1. 메이지(明治)前期(1868-1888)
2. 메이지(明治)後期(1889-1912)
3. 다이쇼(大正)・쇼와(昭和)前期(1913-1945)
4. 쇼와(昭和)後期(1946-1988)
5. 헤이세이(平成)期 以後(1989 以後)

　明治 前期와 後期는 日本이 크게 변화하는 近代化의 頂点에 있던 時期로 日本語에서도 적지 않은 차이점이 認定되므로, 여기에서도 그 言語的 境界線을 중시하여 이들 시기를 나누어서 調査하기로 하였다. 이에 비해 大正・昭和 前期는 年号는 다르지만 日本語에 있어서 실질적인 차이점을 認定하지 않는 것이 一般的인 傾向이므로 여기에서도 言語的 境界線은 設定하지 않았다. 昭和 後期와 平成 期 以後의 구분은 異論이 있을 수가 있을 것으로 생각된다. 하지만 여기에서는 특히 90년대에 들어와 젊은이들 사이에 유행하게 된 「トカ弁」5)속의 「みたいだ」를 고려하여 시기를 구분하고자 했다. 이것은 本稿의 主眼点이 「みたいだ」의 形成 過程뿐만 아니라 拡散 過程에도 있음을 想起할 때 고려될 수

---

5) 「とか」는 다른 사람에게 들었거나 기억이 애매하거나 불확실한 내용을 나타내는 전통적인 표현 수법이었으나, 이후 發展하여 직접적이고 단정적인 표현을 피하는 漠然한 뉘앙스를 표현할 때 사용되는 표현 수법으로 전환되었다. 예를 들어,
「私、OLとかやってます」-「私、OLをやってます」
와 같이, 자신이 OL임에도 불구하고 「とか」를 사용하여 애매하게 사용하는 것은 違和感을 줄이고 있으며, 이와 유사한 표현으로 「コーヒーとか飲もうよ」에서의 「とか」는 斷定을 피하고 상대에게 선택의 폭을 남긴다.

있는 区分法이라고 생각된다.

위와 같은 時期 区分에 따라 本 研究에서는 먼저 文学 作品 속의 対話文에 나타나는「みたいだ」의 用例를 分析할 것이다. 구체적인 用例의 分析에 있어서는 話者의 性別, 年齢, 職業 등에 焦点을 맞추어 작업을 진행할 것이다. 즉 부분적으로 社会言語学的인 方法을 도입하여 用例 分析을 시도하고자 하는 바, 이것은 新生語「みたいだ」가 어떠한 言語 環境 속에서 정착되어 갔는가를 알아보기 위한 필요불가결한 작업으로 생각된다. 또한 각 時期의 작업 結果는 図表로 정리하고자 했다. 図表의 작성에서는「みたいだ」와 함께「ようだ」의 使用 回数를 수치로 제시함으로써「みたいだ」의 定着 過程을 알기 쉽게 나타낼 수 있도록 노력했다. 本 研究에서 分析 対象으로 한 文学 作品은 다음과 같다.

〈표 2〉分析対象 文学作品

작 가	작 품	연 도
坪内逍遥	清治湯講釈	明15(1882)
坪内逍遥	当世書生気質	明18-19(1885-1886)
坪内逍遥	京わらんべ	明19(1886)
山田美妙	武蔵野	明20(1887)
山田美妙	枾山伏	明21(1888)
山田美妙	花ぐるま	明21(1888)
尾崎紅葉	風流京人形	明21(1888)
二葉亭四迷	浮雲	明22(1889)
坪内逍遥	細君	明22(1889)
川上眉山	大さかづき	明23(1890)
川上眉山	墨染桜	明28(1895)
尾崎紅葉	青葡萄	明28(1895)
広津柳浪	変目伝	明28(1895)
広津柳浪	今戸心中	明29(1896)
尾崎紅葉	金色夜叉	明30(1897)
国木田独歩	牛肉と馬鈴薯	明34(1901)

二葉亭四迷	平凡	明40(1907)
夏目漱石	三四郎	明41(1908)
夏目漱石	それから	明42(1909)
森鷗外	雁	明44―大2(1911-1913)
夏目漱石	彼岸過迄	明45(1912)
夏目漱石	行人	大元(1912)
夏目漱石	こころ	大3(1914)
夏目漱石	道草	大4(1915)
夏目漱石	明暗	大5(1916)
谷崎潤一郎	痴人の愛	大14(1924)
徳永直	太陽のない街	昭4(1929)
横光利一	紋章	昭5(1930)
川端康成	雪国	昭10(1935)
横光利一	旅愁	昭12(1937)
高見順	如何なる星の下に	昭14(1939)
谷崎潤一郎	細雪	昭18(1943)
太宰治	斜陽	昭22(1947)
太宰治	人間失格	昭23(1948)
川端康成	山の音	昭24(1949)
三島由起夫	仮面の告白	昭24(1949)
坂口安吾	復員殺人事件	昭25(1950)
坂口安吾	金銭無情	昭33(1958)
大江健三郎	われらの時代	昭34(1959)
谷崎潤一郎	瘋癲老人日記	昭37(1962)
三島由紀夫	午後の曳航	昭38(1963)
丸谷才一	笹まくら	昭41(1966)
中上健次	岬	昭50(1975)
黒井千次	五月巡歴	昭52(1977)
丸谷才一	裏声で歌へ君が代	昭57(1982)
村上春樹	羊をめぐる冒険(上下)	昭57(1982)
大江健三郎	新しい人よ眼ざめよ	昭58(1983)
村上竜	テニスボーイの憂欝(上下)	昭60(1985)
村上春樹	ノルウェイの森(上下)	昭62(1987)
村上春樹	ダンス・ダンス・ダンス(上下)	昭63(1988)
山田詠美	放課後の音符	平1(1989)
吉本ばなな	白河夜船	平1(1989)
山田詠美	トラッシュ	平3(1991)

吉本ばなな	NP	平4(1992)
吉本ばなな	アムリタ(上下)	平5(1993)
町田康	夫婦茶碗	平13(2001)
町田康	告白	平16(2004)
町田康	淨土	平17(2005)
町田康	正直じゃいけん	平18(2006)
川上弘美	いとしい	平12(2000)
川上弘美	古道具 中野商店	平17(2005)
藤堂志津子	夜のかけら	平13(2001)
藤堂志津子	ひとりぐらし	平14(2002)
吉本隆明	讀書の方法 なにを、どう讀むか	平13(2001)
吉本隆明	眞贋	平19(2007)
菊谷匡祐	開高健のいる風景	平14(2002)
小谷野敦	評論家入門	平16(2004)
絲山秋子	ニート	平17(2005)
絲山秋子	豚キムチにジンクスはあるのか	平19(2007)
湯川豊	夜明けの森、夕暮れの谷	平17(2005)
森繪都	アーモンド入りチョコレートのワルツ	平17(2005)
村上春樹	東京奇譚集	平17(2005)
村上春樹	ある編集者の生と死、文芸春秋	平18(2006)
古川日出男	ベルカ、吠えないのか?	平17(2005)
山本一郎	「俺様國家」中國の大経濟	平17(2005)
鹿島茂	オール・アバウト・セックス	平17(2005)
鹿島茂 vs 井上章一	ぼくたち、Hを勉強しています	平18(2006)
伏木享	人間は脳で食べている	平17(2005)
村山由佳	星々の舟	平18(2006)
リリー・フランキー	東京タワー	平18(2006)
畠山重薦	牡蠣礼贊	平18(2006)
丸谷才一	海坂藩の釣り、文芸春秋	平17(2005)
高橋春男	大日本中流小市民、サンデー毎日	平18(2006)
さかもと未明	中國のここが嫌い、週刊文春	平18(2006)
竹内久美子	ズバリ、答えましょう、週刊文春	平18(2006)
大石靜	マリコのここまで聞いていいのかな、週刊朝日	平18(2006)
齋藤美奈子	文芸予報、週刊朝日	平18(2006)
小島信夫	殘光、新潮	平18(2006)

또한 本 研究에서는「みたいだ」의 定着 過程을 多角的으로 分析하기 위하여 文学 作品 속의 用例뿐만 아니라 각 時期의 日本語 学習書와 辞典에 보이는「みたいだ」의 관련 記事를 함께 살펴볼 것이다. 이와 같은 작업은 時代의 흐름에 따라「みたいだ」가 어떻게 認識되어 왔는가를 살펴보기 위한 有效한 接近 方法이 될 것이다. 특히 이와 같은 작업은「推定」을 나타내는「みたいだ」가 一般的으로 認知되기 시작한 時点을 파악하는 것에 적지 않은 示唆点을 줄 것으로 생각된다. 本 研究에서 分析 対象으로 한 日本語 学習書와 辞典은 다음과 같다.

〈표 3〉日本語 学習書

題 目	著 者	年 度
會話篇	E. Satow	明治6年(1873)
日本口語文典	W. G. Aston	明治21年(1888)
日本語口語入門	B. H. Chamberlain	明治22年(1889)
校訂交隣須知	前間恭作・藤波義貫共訂	明治37年(1905)
尋常小學國語讀本 修正本	文部省	大正7年(1918)
基礎日本語	土井光知	昭和8年(1933)
日本語表現文典	日本語敎育振興會	昭和19年(1944)
Essential Japanese, 第3版	S. E. Martin	昭和37年(1962)
新訂 新しい國語	時枝誠記・成瀬正勝	昭和43年(1968)
文法Ⅱ敎師用日本語敎育ハンドブック	國際交流基金	昭和57年(1982)
文法Ⅱ敎師用日本語敎育ハンドブック	國際交流基金	平成7年(1995)

〈표 4〉辞典

題 目	著 者	年 度
和英語林集成 第1版	Hepburn	慶應3年(1867)
和英語林集成 第2版	Hepburn	明治5年(1872)
和英語林集成 第3版	Hepburn	明治19年(1886)

言海	大槻文彦	明治42年(1909)
大言海	大槻文彦	昭和19年(1944)
廣辭林	金澤庄三郎	昭和25年(1950)
辭海	金田一京助	昭和27年(1952)
廣辭苑 第1版	新村出	昭和36年(1961)
新版 廣辭林	金澤庄三郎	昭和43年(1968)
廣辭苑 第2版補訂版	新村出	昭和52年(1978)
廣辭苑 第５版	新村出	平成10年(1998)
若者ことば辭典	米川昭彦	平成11年(1999)
現代用語の基礎知識	自由國民社	平成19年(2007)

앞으로, 이상과 같은 관점에서 각 資料의 用例를 分析하고 그 結果를 図表를 이용하여 提示해 보고자 한다.

第2章
本論 資料의 分析

2.1. 明治 前期(1868-1888)

2.1.1. 文学 作品의「みたいだ」

明治 초기는 西洋 文明의 急激한 流入期로서 당시 有識者의 대다수가 西洋 文明이야말로 유일한 문명이라 믿고 그것과 동화하는 것만이 일본이 나아갈 길이라는 사회적인 분위기가 팽배하였다. 국민 생활과 제반 문화면에서도 근대화를 촉진하기 위하여 적극적으로 서구 문화를 받아들이는 한편, 근대화의 개혁 정책은 민간의 계몽 운동과 더불어 서민의 의식과 생활 양식을 변화시켜 갔다. 이러한 현상은 언어 생활에도 큰 영향을 미치게 되는데 문학의 세계에서는 江戸 후기 통속소설인 戯作[1]가 여

---

[1] 江戸 시대 후기의 통속소설로서 洒落本, 人情本, 滑稽本 등이 있다. 洒落本은 漢學者들이 중국의 유곽 문학을 모방하여 쓴 戯文이었는데, 점차로 회화를 중심으로 하여 遊女와 遊客의 모습을 그려내는 단편으로 발전되었다. 人情本은 洒落本의 사실성을 이어받으면서 주로 江戸 서민의 情事에 나타난 人情을 그린 풍속소설을 말한다. 滑稽本은 풍자와 해학을 같이 써 교훈을 말하는 단기본의 계통으로 익살스러운 문학의 한 장르로, 대표적인 작가로는 十返舎一九나 式亭三馬 등이 있다.(임종석, 2004 p.166)

전히 인기를 얻고 있었지만, 明治 10년대에는 신문 잡지가 등장하고, 번역물의 출판과 落語家 三遊亭円朝의 작품이 속기에 의하여 필기되는 한편, 明治 政府는 学制를 발표하고 教育 制度를 정비하게 된다.

한편 근대적인 문체의 개발은 소설가들에게도 적극적으로 수용되어 『小説神髄』(1885)를 간행한 坪内逍遥의 영향도 있어서 山田美妙는 「です」調를 尾崎紅葉는 「である」調를 二葉亭四迷는 「だ」調의 口語体 소설을 쓰게 되는 동기기 된다.

松村明(1977)는 이 시기의 일본어가 2段動詞의 1段化가 완료된 시점이기는 하나 仮名 資料 속에는 2段動詞形의 사용이 아직 잔존되어 있으며, 否定 表現에서는 「ぬ」와 함께 「ない」가 폭넓게 사용되었다고 한다. 可能 表現에서는 可能動詞의 사용과 함께 「~スルことができる」형식이 표현의 주종을 이루게 된다. 그리고 様態・推量의 助動詞에서도 前時代의 「ようだ」 「らしい」와 함께 「みたようだ」가 사용되고 있음을 확인할 수 있다.

明治 前期(1868-1888)의 분석 작품은 다음과 같으며 여기에서는 무엇보다도 「みたいだ」의 初出例가 보이는지에 조사의 초점이 맞추어질 것이다.

〈표 5〉明治 前期(1868-1888)의 分析 作品

작 가	작 품	연 도
坪内逍遥	清治湯講釋	明15(1882)
坪内逍遥	当世書生氣質	明18—19(1885-1886)
坪内逍遥	京わらんべ	明19(1886)
山田美妙	武藏野	明20(1887)
山田美妙	柿山伏	明21(1888)
山田美妙	花ぐるま	明21(1888)
尾崎紅葉	風流京人形	明21(1888)

2.1.1.1. 『清治湯講釈』

먼저 坪内逍遥의 작품부터 살펴보면『清治湯講釈』(1882)에서는「み たようだ」나「みたいだ」형식은 보이지 않는다. 様態・推量 表現의 주종은 ヨウダ형식으로「ように」14例,「ような」22例,「ようで」1例,「ようだ」5例가 확인된다. 이에 대해「らしい」가 1例 사용되고 있다.

1-01.「ナニサ、今朝黒い貝を喰つた所が、胸につかへて苦敷つてならなかつたが、ズツト下つていつた<u>様で</u>大きに心持ちが善くなつた。」　　　　　　　　　　　　　　　　　(清治湯講釈、明15年)
1-02.「米国の<u>やうに</u>、別に財産や品位では資格を定めぬ所もあり、総人数は大抵下院の三分の一か半分で、」
　　　　　　　　　　　　　　　　　　(清治湯講釈、明15年)
1-03.「まだ其他にもコレラの<u>様な</u>悪い病の予防をしたり、貨幣を製へたり、」　　　　　　　　　　(清治湯講釈、明15年)
1-04.「マアサ聞なさい。エーと、ある所に女学校の生徒<u>らしい</u>娘二十人ばかりありけり。」　　(清治湯講釈、明15年)

2.1.1.2. 『当世書生気質』

『当世書生気質』(1885-1886)에서는 ヨウダ형식이 표현의 주종을 이루고 있으나 ラシイ형식도 적지 않게 쓰이고 있음을 확인할 수 있다. ヨウダ형식의 内訳은「ように」49例,「ような」32例,「ようで」4例,「ようだ」28例,「ようだった」2例,「よう」1例이며, 推定과 仮定이 함께 共起하는 예로서「ようなら」의 使用例가 1例 있었다. 이에 대해 ラシイ형식은「らしい」6例,「らしく」1例를 확인할 수 있으며「みたようだ」나「みたいだ」형식은 보이지 않는다.

1-05. 「ヲヤ。といふとさすがの須河も。よほど駭然としたやうであつたが。」　　　　　　　　（当世書生気質、明18年-19年）
1-06. 「今いつたやうな訳だからネ。」（当世書生気質、明18年-19年）
1-07. 「たかが一二年の事だといつて。互に辛抱も出来やうけれど。何をいふにも近頃でハ。親父もめつきりと弱ツたやうだし。」
　　　　　　　　　　　　　　　　　　（当世書生気質、明18年-19年）
1-08. 「わたしが卒業をしたからツても。まづ二三年の其間ハ。中々思ふやうになる所か。」　　　（当世書生気質、明18年 19年）
1-09. 「若し神田の叔父さんとやらが。居ないやうなら。檀那さまにお願ひ申して。妾の手元に置いて。世話をして上るから。」
　　　　　　　　　　　　　　　　　　（当世書生気質、明18年-19年）
1-10. 「弊袍をきてかまはぬ所なぞハ。何やら由の血統らしいネ。」
　　　　　　　　　　　　　　　　　　（当世書生気質、明18年-19年）
1-11. 「月琴と琴をうやうやしく床の片隅にたてかけたるハ。どうやら娼妓のお座敷らしく。」　（当世書生気質、明18年-19年）

『当世書生気質』의 작품은 등장 인물들이 대부분이 20대의 書生인 東京大 학생으로 당시의 시대적 여건을 고려해 볼 때 상류 계급에 속한다고 할 수 있으며, 坪内逍遥 자신도 다른 서생들과는 달리 월등히 고상한 말씨를 사용한다고 작품 속에서 언급하고 있다. 이와 같은 사실은 ヨウダ와「みたいだ(みたようだ)」의 사용에 화자의 사회적인 位相이 관련되어 있을 가능성을 암시하고 있어 주목을 끈다.

2.1.1.3. 『京わらんべ』
『京わらんべ』(1886, 明19年)의 작품에서는 추정 형식인 「らしい」「ようだ」가 주로 사용되고 「みたようだ」의 용례가 보이지 않는다.

2.1.1.4 『武蔵野』『柿山伏』『花ぐるま』

言文一致体 소설의 선구자로 일컬어지는 山田美妙2)의 작품 중『武蔵野』(1887, 明20)에서는「ように」4例,「ような」3例,「ようで」6例,「ようだ」3例가 확인되며,『柿山伏』(1888, 明21)에서는「ように」1例,「ような」4例를 확인할 수 있다. 그러나『花ぐるま』(1888, 明21)에서는「ように」18例,「ような」21例,「ようで」21例,「ようだ」14例를 헤아리며,「らしい」도 6例 확인된다. 하지만 무엇보다도 주목되는 것은 다음과 같은「見たやうな」의 用例를 1例 확인할 수 있다는 점이다.

> 1-12.「油屋の看板の工合も何処やら凄味を帯びて居るやうで、また<u>牛乳入見たやうな</u>鉄葉製の手ランプに殺風景な糸心を入れて風に吹かせながら店の蜜柑や乾栗を隠現出没させて居る水菓子屋の様も何となく「あれさびた」と名唱掛けるやうです。」
> 　　　　　　　　　　　　　　　　　　(花ぐるま、地文、明21)

2.1.1.5.『風流京人形』

著者 尾崎紅葉3)는 坪内逍遥와 함께 일본 근대소설을 개척한 문인 중의 한 사람이다. 紅葉는 坪内의『小説神髄』을 읽고 나서 이때까지의 式亭三馬나 十返舎一九와 같은 近世戯作小説의 亜流를 버리고『娘博士』(1887, 明治20년),『風流京人形』(1888—1889, 明治21-22년) 등 소

---

2) 1868年(慶応4年), 東京의 간다(神田) 출생. 1884年(明17年), 大學予備門 (지금의 동경대학교 양학부)에 입학, 1년 상급생인 尾崎紅葉・石橋思案 등과 文學 結社인 硯友社를 만들어『我樂多文庫』를 간행. 1886年(明19年)「嘲戒小説天狗」라는 작품을 처음으로 言文一致体 소설로서 공표한다.
3) 1867年(慶応3年), 에도(江戸)의 시바(芝, 지금의 東京都 港區) 출생. 1903年 (明36年) 沒.『金色 夜叉』나『多情多恨』등의 작품이 있다.

위 『小説神髄』에서 말하는 人情 世態 묘사를 主眼으로 하는 근대소설에 힘을 기울이게 된다.4) 그와 같은 시대적인 배경을 가지고 있는 이 작품 속에서「見たようだ」의 贅文을 찾아 볼 수가 있는데, 이것은 橫浜商人이라는 남자들끼리의 통속적 어투 속에 등장하고 있다.

　　1-13.「風のわりい雲助見たよに足元を見てゆすりかける。」
　　　　「女連の道中はこれで恐れるヨ」　　　（風流京人形、明21-22)

　위의 예문「見たよに」는 仮名철자법 상의 誤植일 가능성도 있겠지만 동일한「見たよに」의 형태가『紅子戯語』5)에서도 보이는 점으로 미루어 誤植일 가능성은 희박하다고 생각된다.「みたいだ」는「みたようだ」의 모음의 短音化에서 변화된 것으로 추정되지만, 紅葉의 소설 속에 등장하는「みたよだ」는 口頭語가 가지는 거친 말투의 형태로 사용되어진 것이 아닌가 생각된다. 이「みたよだ」의 語幹 末尾의 母音이 약하게 발음되어「みたいだ」의 형태가 발생하게 된 것으로 보이는데, 그러한 점에서 『風流京人形』의「みたよだ」는 모음이 축약된 형태가 나타난 用例로 해석할 수 있을 것이다.

　이상 明治 前期(1868-1888)의 문학 작품에서 보이는 様態・推量의 助動詞의 使用 様相을 표로 정리하면 다음과 같다.

---

4) 久保田淳『岩波講座 日本文學史 第12卷』岩波書店 1996
5)「そこで一句もないと答へるとかれ淳于髠といふ笑ひをし、出版月評の表紙見たようなことをいつた。」　　（紅子戯語(卷之三)『我樂多文庫』12号）

〈표 6〉明治 前期(1868-1888)의「みたようだ/みたいだ」

語＼作品	見たやうに	見たやうな	見たやうで	見たやうだ	見たやう	みたいに	みたいな	みたいで	みたいだ	やうに	やうな	やうで	やうだ	やう	やうなら	らしい	らしく
清治湯講釈										10	20	1	7			1	
当世書生気質										31	18	7	29	2	1	5	6
京わらんべ										4	3	2	3	1	1	1	
武蔵野										1	1	2	3			1	
柿山伏											2						
花ぐるま		(1)								3	3	2	2		1	3	
風流京人形	1									3	10		3				
합계	1	1								52	57	14	47	3	3	11	6

( )안은 地文의 用例 數

즉 조사 대상이 되었던 明治 前期(1868-1888)의 문학 작품에서「み たいだ」의 使用例가 보이지 않았으며, 극히 일부이긴 하지만「みたよう だ」의 使用은 확인할 수 있었다. 하지만 이 시기에 있어서 이들 표현 형식의 주류는 ヨウダ와 ラシイ系列이라 해야 할 것이다.「みたいだ」의 前 段階라 할 수 있는「みたようだ」의 용례가『花ぐるま』와『風流京人形』에서 겨우 1예씩 보이고 있는 상황을 감안하면 이 시기의「みたいだ」의 사용이 거의 드물다고 보는 편이 타당할 것이다. 또한 2예의「みたよう だ」가운데『風流京人形』의 그것은 20대의 젊은 商人들의 저속한 표현 속에서 등장하는 것으로, 이것은 당시의「みたようだ」를 사용하는 話者의 사회적 位相이 그다지 높지 않았다는 것을 시사하는 현상이 아닐까 생각된다.

2.1.2. 学習書의「みたいだ」

　이 時期의 분석 대상은『会話篇』(1873, 明6年)과『日本口語文典』(1888,明21年)이다. 이들은 이른바 英学資料로 분류되는 近代 日本語의 研究 資料로서 당시의 口語와 그에 대한 解説이 풍부하게 수록되어 있어 이 時期의 日本語의 実態를 알 수 있는 1급 資料라고 할 수 있다.

2.1.2.1.『会話篇』(1873, 明6年)
　原題는 **Kuiwa Hen**. 1873年刊, Ernest Satow著. 주지하는 바와 같이 Satow는 1862年, 19세의 나이로 駐日英国公使館에 부임한 이래 日本語 研究에 적지 않은 공헌을 했으며, 대표적인 업적으로는『会話篇』(1873)과『英日口語辞書』(1876)를 남기고 있다. 여기에서 살펴보고자 하는『会話篇』은 책의 副題를 Twenty-five Exercises in the Yedo Colloquial 로 明記하고 있으며 그 序文에,

> The first exercises were framed at the request of the gentleman above alluded to, who, having recently been attached to Her Majesty's Legation at Yedo, was desirous of acquiring the language.

라고 記述되어 있듯이 당시의 江戸 口語를 바탕으로 만들어진 会話書이다. 실제 여기에 보이는 日本語에는「人 : shito」「一月 : shito-tsuki」와 같이 日本의 下町 말투의 요소가 그대로 드러나 있다.
　이와 같은 성격을 지닌『会話篇』은 총 4部로 구성되어 있는데, 第1部는 알파벳으로 表記된 日本語 会話文과 그 英訳이 수록되어 있으며, 第

2부는 第1부에 대한 註解, 그리고 第3부와 4부는 第1부의 내용을 仮名文으로 바꿔 놓은 것이다. 따라서 여기에서는 第1부의 会話文과 第2부의 註解 속에「みたようだ/みたいだ」에 관한 記述이 어떻게 등장하고 있는가 하는 것이 직접적인 관찰의 대상이 될 것이다.

먼저『会話篇』에는 다음과 같은「ように」나「ような」의 형식이 散見되고 있음을 指摘할 수 있을 것이다.

○ *Nani ka so iu koto ga aru yo ni uketamawarimashita.*
(Ex.Ⅵ-33)
(I have heard that there was something of the sort.)
○ *Shito no ki ni iru yo na koto bakari itte idenai shito da.*
(Ex.Ⅶ-19)
(He is a man who does nothing but say what will please people.)

이들「yo ni」와「yo na」에 대한 註解를 살펴보면 다음과 같은 기술을 확인할 수 있다.

○ **Yo ni**, that, implies a certain amount of doubt or uncertainty in the speaker's mind, while *to* would convey the idea that he believed in the report. (第2부, Notes.)
○ **Yo na** ; *yo*, kind, sort, fashion ; *na* generic particle ; of the sort=sort-of. Lity. People's mind to-suit sort-of things only saying, won't do person is. (第2부, Notes.)

즉 위의 註解에서「ように」는 話者의 불확실성을 내포한 추측을 나타내며「ような」는「sort of (일종의 ~과 같은)」의 意味임을 해설하고 있다. 이와 같은 내용은「ようだ」가 가지는 전형적인 意味를 기술하고 있는 것으로 해석할 수 있을 것이다.

한편 『会話篇』에는「みたいだ」에 대한 言及이나 実例는 찾아 볼 수 없다. 이것은 文学 作品 속에서「みたいだ」가 등장하는 것이 明治 後期에 들어서부터라는 調査와 相応하는 결과일 것이다. 다만 『会話篇』에서 주목되는 것은 다음과 같은「みたようだ」의 実例가 1例 확인된다.

> ○ *Warui koto suru no wa kamisurido mita yo na mono de, tsukau tambi ni hata ni tsuite mite ite mo, are hodo hatta to iu koto ga mien keredo, hette iku ni chigai wa nai.*
> (Doing wrong is like a razor-hone ; you can't see it grow smaller every time it is used, but it is perfectly certain that it does grow smaller.)

위의 用例는「剃刀みたようなもの」와 같이 사용되고 있는 것으로서 여기에서의「みたようだ」가 하나의 표현 형식으로서 認識되고 있었다는 사실은 다음과 같은 해당 註解에 있어서「mita yo na」의 항목을 하나의 독립된 숙어로 취급하고 있다는 점에서도 확인할 수 있다.

> ○ **Warui ko to suru no wa** ; the verb as a noun, [the] doing bad thing. **Kamisurido**, fr. *kamisuri*, vulg. for *kamisori*, a hair-shaver, razor, and to connected with *togu*, to sharpen. **Mitayo na** (like *kono yo na*, this sort of) = seen sort-of, looking-like. (第2部, Notes.)

즉 『会話篇』(1873)에서는 「みたいだ」는 아직 사용되지 않고 있으며, 「様態」의 표현 형식으로는 ヨウダ가 主流를 이루고 있다고 결론지을 수 있다. 다만 「様態」의 표현 형식으로 사용된 「みたようだ」의 実例를 확인할 수 있다는 점에서 이 「みたようだ」가 江戸語에서 형성된 표현 형식이라는 추측을 뒷받침할 수 있을 것으로 생각된다.

2.1.2.2. 『日本口語文典』(1888, 明21年)

原題는 **A Grammar of Japanese Spoken Language**. 1888年 刊, W. G. Aston著. Aston은 1864年 Satow의 뒤를 이어 駐日英国公使館에 부임한 이후 日本語와 韓国語에 괄목할 만한 성과를 올린 外交官이자 言語学者이다.

『日本口語文典』은 1871年에 간행된 A Short Grammar of Japanese Spoken Language를 대폭적으로 修正・補完하여 1888年에 東京에서 출판한 책으로 당시의 日本의 口語를 外国人 学習用으로 収録・製作한 것이다. 이 책의 구성은 1.Syllabary-Pronunciation. 2.Parts of Speech. 3.Noun. 4.Pronoun. 5.Numeral. 6.Verb. 7.Adjective. 8.Auxiliary words. 9.Particles. 10.Adverbs, Conjunctions, Prepositions and Interjections. 11.English into Japanese. 12.Honorific and Humble forms. 13.Syntax. 14.Time, money, weights and measures. 15.Errors in speaking Japanese. 16.Extracts. 의 16장으로 되어 있으며, 특히 마지막 16장의 Extracts.에서는 어떤 특정한 場面을 설정한(예를 들어 Conversation with a Jinrikisha Coolie와 같이) 会話文이 다수 수록되어 있어 당시의 口語 実態를 알 수 있는 귀중한 정보를 제공해 주고 있다.

『日本口語文典』에서도『会話篇』과 마찬가지로「みたいだ」의 実例는 보이지 않으며「様態」표현의 主流는 다음과 같은 ヨウダ에 의해서 이루어지고 있다.

○ *Watakushi <u>no yona</u> bimbonin wa zeni no aru toki ni wa kai, nai toki wa, kawanai.* (A poor man like me buys when he has money, and does not buy when he has none.) (第6章, Verb.)

하지만 이 책의 16장(Extracts)의 会話文에서는 다음과 같은「みたようだ」가 1例이기는 하지만 사용되고 있음을 확인할 수 있다.

Tasuke. *Hai! Gomen nasai.*
  (Excuse me. Officer.)
Officer. *Doko ye mairunda? Monomorai nara achira ye ike.*
  (Where are you going? If you have come to beg, get away.)
Tasuke. *Hai. shosho mono ga uketamawarito gozaimasu.*
  (I want to inquire something from you.)
Officer. *Mono ga kikitakcrcba o tsuji ye ike. Nanda? <u>kojiki mita yo na</u> nari wo shite.*
  (If you want to inquire, you can go to the outer guard. What do you mea, you baggarly looking fellow?)
Tasuke. *kore kara kojiki ni nareba narunda ga, mada kojiki ni wa naranai.*
  (If after this I am to become a beggar, I suppose I shall become one, but I have not got so far yet.)

여기에서의 「みたようだ」는 냉소적인 뉘앙스를 띠고 있는 문맥에서 등장하고 있음이 주목되는데, 이것은 초기의 「みたようだ/みたいだ」의 言語 位相이 그다지 높지 않았음을 보여줬던 文学 作品 속의 현상과 맥을 같이 하는 用例라고 할 것이다.

대체로 이 時期의 学習書에는 아직 「みたいだ」는 등장하지 않으며, 대신 「みたようだ」가 간헐적으로 등장하고 있음은 확인할 수 있었다.

2.1.3. 辞典의 「みたいだ」

이 時期의 분석 대상으로는 『和英語林集成』(1886, 明19年)이 있다. 이것은 이른바 英学 資料로 분류되는 近代 日本語의 研究 資料로서 日本 最初의 近代的인 의미에서의 日本語 辞典으로 알려져 있는데 이 時期의 日本語 実態를 알 수 있는 1급 資料라고 할 수 있다.

2.1.3.1. 『和英語林集成』第3版(1886, 明19年)

原題는 A Japanese-English and English-Japanese Dictionary. 1886年刊, J. C. Hepbern著. Hepburn은 1859年 일본에 온 이래 33년간 일본에 滯在하면서 「宣教医」로서 의료 사업, 성서 번역, 크리스트교 교육, 영어 교육, 일본어 연구 등 다방면에 걸쳐 활동한 인물이다. 그 중에서도 일본 최초의 和英辞典으로 일컬어지는 『和英語林集成』(初版 1867)은 그 記述의 正確性, 収録 語彙数의 豊富함으로 정평이 나있다. 표제어의 数는 初版이 20,772語, 第3版이 35,618語로 社会的 政治的 변화에 수반되는 新語(文明, 銀行, 郵便, 哲学, 数学 등)를 増補하고, 時代의 急激한 변화에 적절히 대응했다는 평을 얻고 있다. 또한 現在도

사용되고 있는「ヘボン式ローマ字つづり」는 第3版의 로마자 철자법이 基礎가 된 것이다.

문제가 되는 것은「みたいだ」에 대한『和英語林集成』의 記述인데, 이 辞典에는「みたいだ」와 관련된 語項目 자체가 보이지 않는다. 다만 ヨウダ에 대해서는 다음과 같이「YO(ヨウ)」를 표제어로 제시하고 그 用法을 설명하고 있다.

> **YO** ヨウ 様. n. Way, manner, mode ; kind, form, fashion; in order to, to the end that, for the purpose of ; so as ; *kono — ni shite kudasare*, do it in this way ; *sono — na mono wa nai*, have nothing like it ; *aru — ni mieru*, looks as if there is ; *nai — ni omou*, I think there is not ; *korobanai — ni ki wo tsuke-nasare*, take care that you don't fall ; *morenu —*, so as not to miss ; *ochinai —ni*, so as not to fall ; *hito no inochi wo tasukeru — ni*, in order to save life ; *ichi yo*, alike.

이와 같은 記述 態度는 앞 장에서 살펴본 英学 資料(『会話篇』(1873),『日本口語文典』(1888),『日本語口語入門』(1889))의 그것과 大同小異한 것이다. 즉 이 時期에 있어서의「みたいだ」는 初期 段階의 新生語로서 아직 辞典의 등재 후보로는 인식되고 있지 않았던 것으로 판단된다. 아울러『和英語林集成』第1版과 第2版의 해당 記載 事項은 위에 제시한 第3版의 내용과 변함이 없다.

2.1.4. 결과의 분석

明治 前期「みたいだ」의 형태가 어느 시기부터 사용되었는가 하는 문제인데, 明治 前期(1868-1888)의 문학 작품 속에서「みたいだ」의 使用例가 보이지 않았다. 이 시기에 있어서「みたようだ」의 사용은 확인되지만 표현의 주류는 ヨウダ와 ラシイ系列에 의해서 이루어지고 있었다.

明治 前期의 英学 資料에서는「みたいだ」의 使用例도 확인할 수 없었다. 英学 資料에서 확인할 수 있었던 것은 부분적으로나마「みたようだ」의 用例가 使用되었다는 것 정도일 것이다. 辞典에서「みたいだ」에 대한『和英語林集成』의 記述인데, 이 辞典에는「みたいだ」와 관련된 語項目 자체가 보이지 않는다.

2.2. 明治 後期(1889-1912)

2.2.1. 문학 작품의「みたいだ」

明治 後期의 起点이 되는 明治 20년대는 言文一致 운동으로 상징되는 일본어의 近代化가 시작된 시기이기도 하다. 言文一致는 江戸時代 末 前島密가 徳川慶喜에게 건의한「漢字御廃止之議」(1866)[6]가 계기

---

6) 前島는 江戸 幕府의 開成所(에도 시대에 서양학문을 가르치던 곳으로 동경대학의 전신)에서 통역으로 근무했는데, 나가사키 유학 중에 알게 된 미국인 선교사로부터「난해하고 혼용하기 쉬운 한자」에 의한 교육이 얼마나 안 좋은가에 대한 설명을 들은 것이 漢字廃止案을 올리게 된 계기가 되었다고 한다. 이 提案은 言文一致 運動의 성격을 잘 나타내고 있는데, 첫째로, 言文一致가

가 되었지만 그것을 구체적으로 실천에 옮긴 것은 二葉亭四迷나 山田美妙와 같은 소설가에 의해서였다. 言文一致에 의한 최초의 소설로 알려져 있는 二葉亭四迷의 『浮雲』(1889)에서는 문말 표현이 「だ」調를 사용하고 있고 山田美妙에서는 문말 표현 형식으로 「です」調를 사용하고 있는 것은 상징적이다. 이들이 言文一致体의 소설을 개척하게 된 것은 坪内逍遥의 권유에 의해서였는데, 坪内逍遥는 落語家인 三遊亭圓朝의 口述 速記의 영향을 빈은 것으로 알려져 있다. 二遊亭圓朝가 人情噺를 사람들에게 널리 알릴 수 있었던 것이 速記文이었다.7) 言文一致를 촉진시키는 요소는 잡지, 신문, 소설 등의 活字 미디어인데 그 중에서도 速記術이 도입됨에 따라 講談이나 落語의 速記가 출판되어 사람들에게 널리 읽히게 된 것이다. 이와 같은 口演 그대로의 速記出版은 言文一致의 실행에 큰 도움을 주었는데, 末広鉄腸의 『雪中梅』는 당시의 言文一致가 가져온 일본어 문장의 변화를 상징적으로 보여주고 있어 주목을 끈다. 예를 들어 『雪中梅』의 初版(博文館本, 1886, 明治19年)에서는,

エヘン餘が反服の辯論因り權利の同等なるをハ諸君も已に御了解ありしらん

과 같은 문장이 明治23年(1890)의 嵩山堂本(訂定増補合本第6版)에서는,

近代國家의 確立을 위해서 不可欠한 것으로 간주되고 있다. 둘째로, 마에지마(前島)의 提言이 흥미로운 것은, 일반적으로 생각되어온 言文一致와는 달리,「漢字廢止」를 主題로 한 것이라는 점이다. 言文一致 運動은 무엇보다도「文字」에 관한 새로운 觀念에서 시작되었다고 볼 수 있는데, 그가 끌린 것은 音聲 文字가 가진 經濟性, 直接性, 民主性이었다.(柄谷行人, 1984)
7) 前田愛 『文學テクスト入門』 ちくま文芸文庫 1996

エヘン僕が反服の辯論で權利の同等であるを八諸君も既に御了解なつたであらう

와 같이 문말 표현 형식의 변화를 가져오게 된다. 이후 明治 30-40年代는 言文一致 운동이 학교 교육과 더불어 최고조에 이르게 되며, 文學界에 있어서도 明治 33年 이후 ホトトギス派의 写生文 運動과 自然主義 文学 運動에 크게 영향을 받고 島崎藤村의 『破戒』(明治39年, 1906)와 田山花袋의 『蒲団』(1907, 明治40年)과 같은 자연주의 소설이 등장함으로서 言文一致는 비로소 確立期에 이르게 된다.

이와 같이 言文一致에 의한 口語体 小説이 등장하게 되는 明治 後期 (1889-1912)의 분석 대상 작품은 다음과 같다.

〈표 7〉 明治 後期(1889-1912)의 分析 對象 作品

작가	작품	연도
二葉亭四迷	浮雲	明22(1889)
坪内逍遥	細君	明22(1889)
川上眉山	墨染桜	明23(1890)
川上眉山	大さかづき	明28(1895)
尾崎紅葉	青葡萄	明28(1895)
広津柳浪	変目伝	明28(1895)
広津柳浪	今戸心中	明29(1896)
尾崎紅葉	金色夜叉	明30(1897)
国木田独歩	牛肉と馬鈴薯	明34(1901)
二葉亭四迷	平凡	明40(1907)
夏目漱石	三四郎	明41(1908)
夏目漱石	それから	明42(1909)
森鷗外	雁	明44-大2(1911-1913)
夏目漱石	彼岸過迄	明45(1912)
夏目漱石	行人	明45(1912)

2.2.1.1. 『浮雲』

言文一致体로 쓰여진 최초의 소설로 일컬어지는 『浮雲』(1889, 明22年)은 당시의 立身出世主義的인 社會相을 풍자한 소설이다. 静岡県 士族의 아들로서 일찍 아버지를 잃은 주인공인 内海文三는, 上京 後 叔父 집에 寄宿하면서 優秀한 成績으로 学校를 卒業하고 下級 官吏가 된다. 叔父의 長女인 お勢와는 叔父 夫婦로부터 암암리 인정받은 연인 사이였지만, 관청의 人員 整理에 의해 失職하게된 후로는 상황이 일변하게 된다. 打算的인 叔母인 お政는 딸 お勢를 文三보다는 그의 同僚이자 처세술이 뛰어난 本田昇와 結婚시키려고 생각하고 文三에게는 냉담하게 대한다. 文三가 우수한 성적으로 학교를 졸업하고 취직한 당시에는「西洋主義」를 주장하면서「学問」의 有無에 의해 그를 辯護해 왔던 お勢도 이윽고 観念的 理想에만 사로잡혀 전혀 融通性이 없는 그로부터 멀어진다. 復職을 하기 위하여서는 上司의 비위를 맞출 수밖에 없다고 말하는 昇와의 언쟁에서 文三는 昇를 嘲笑하고, 그러한 상황을 지켜보는 お勢는 완전히 昇편으로 마음이 돌아선다. 文三는 昇와 交際하는 것이 위험한 일이라고 お勢에게 忠告하지만, 그런 말에 お勢는 귀를 기울이지 않는다.

대략 위와 같은 줄거리를 가지고 있는『浮雲』에서의 様態・推量의 助動詞는 ヨウダ계열의 形式이 주류를 이루고는 있으나 다음과 같은 「見たやうだ」의 예문을 확인할 수 있다.

> 2-01.「さうだらうてネ。可愛い息子さんの側へ来るんだものヲ。それをネー、何処かの人みたやうに親を馬鹿にしてサ、一口いう二口目には直に揚足をとるやうだと義理にも可愛いと言は

れないけれど文さんハ親思ひだから母親さんの恋しいのも亦一
倍サ。」　　　　　　　　　　　　　（浮雲、お政→文三、明22年）

　주인공인 文三8)가 상경하여 얼마 되지 않은 상황에서 아직은 叔母인 お政가 文三에게 호감을 가지고 있는 시기의 대화로, お政가 文三에게 말하는 장면이기는 하지만「何処かの人みたやうに」의 대상은 お勢이다. 따라서 여기에서는 お政가 お勢를 빈정대는 문맥에서 사용된 것으로 분류할 수 있다.

2-02.「だからお勢みたやうな如此親不孝な者でもさう何時までもお
　　　懐中で遊ばせても置ないと思ふと私は苦労で苦労でならない
　　　から、此間も私がネ 「お前ももう押付お嫁に往かなくツちや
　　　アならないんだから、ソノーなんだとネー、何時までもそんな
　　　に小 供の様な心持でゐちやアなりませんと。」
　　　　　　　　　　　　　　　　（浮雲、お政→お勢、明22年）

　이것은 お政가 딸인 お勢9)에게「親不孝」까지 들먹이면서 언제까지 부모 슬하에만 있지 말고 이제는 시집을 가야 할 때라고 얘기하는 장면이다. 엄마가 딸을 상대로 고상한 말투라기보다는 딸에 대한 격의 없는 표현으로「お勢みたやうな」를 사용하고 있다고 할 수 있다.

2-03.「それもネー是れがお前さん一人の事なら風見の鳥みたやうに
　　　高くばツかり止まツて食ふや食はずにゐやうと居まいとそりや
　　　アもう如何なりと御勝手次第サ。」

---
8) 주인공으로 나이는 22-23세 가량의 남성.
9) 『浮雲』의 여자 주인공으로 18세 가량의 결혼 적령기의 여성.

(浮雲、お政→文三、明22年)

本田昇10)는 평소 上司의 비위를 아주 잘 맞추어 왔기 때문에 면직 당하지 않았지만, 평소에 그렇지 못한 文三는 면직을 당하게 된다. 그런 사실을 알게 된 お政가 소견 좁게 억지로 참지 말고, 課長에게 가서 사정을 해 보라고 한다.「風見の烏みたやうに」의 표현에서「風見の烏」를 文三에게 빗대어 빈정거리는 표현으로 사용되고 있음을 주목할 수 있다.

2-04.「何にも然うとぼけなくツたツて宜いぢや無いか。君みたやうなものでも人間と思ふからして、即ち廉恥を知ツてゐる動物と思ふからして、人間らしく美しく絶交して仕舞はうとすれば」　　　　　　　　　　　　　(浮雲、文三→昇、明22年)

이것은 本田昇가 자신의 입장을 돋보이게 하기 위해 お勢앞에서 文三의 험담을 하고 이러한 얘기를 들은 文三가 흥분하여 本田昇에게 절교를 선언하는 장면이다. 화가 난 文三가 本田昇를 비난하는 장면에서, 本田昇를 격하하는 시각에서「君みたやうな」를 사용하고 있는 것으로 분석된다.

위의 例文에서 살펴본 바와 같이『浮雲』에서의「みたやうだ」의 사용 용례는 그 어느 것이나 話者가 손아랫사람이나 동등한 관계의 청자에게 격의 없이 사용하고 있다고 말할 수 있을 것이다. 이러한 현상으로 미루어 볼 때 明治 20년대에 사용된「みたやうだ」는 품위를 지켜야 하는 장면 내지는 고상한 말투에서 사용하고 있다고 보기는 어렵다 할 수 있겠다. 그리고 그 사용 빈도는 다른 樣態・推量의 表現 形式(ヨウダ와 ラシイ)

---

10) 24-25세 가량의 처세술이 밝은 호남형의 남성.

의 사용 빈도와 비교하면 아직 현저히 그 사용 빈도가 낮다고 볼 수 있다.

참고로『浮雲』에서 추정 형식으로서「ように」를 사용한 용례는 65例,「ような」49例,「ようで」는 18例,「ようだ」는 5例이며, ラシイ의 경우는「らしい」5例,「らしく」2例가 확인된다.

2.2.1.2.『細君』

坪内逍遥의 1889年(明22年)作인『細君』에서는「ように」12例,「ような」16例,「ようだ」6例가 확인되며「らしい」의 使用例는 3例를 確認할 수 있었다. 하지만「みたようだ」의 使用例는 보이지 않는다.

    2-05.「小言に腫れた小耳には春風の<u>やうに</u>思はれぬ。」

                                                                                          (細君、明22年)

    2-06.「「併しお前はまだ子供、どんな宜い所へ縁づくかも知れない。よく辛抱をおし。世の中にはまだまだ辛い事があります。」と独言の<u>やうな</u>意見の言葉。」   (細君、明22年)

    2-07.「さうよ、越後の新発田だっけの。」と骨折つて思い出せど、答へなければ張合脱け、「どうやら貌の色が悪い<u>やうだ</u>。」

                                                                           (細君、明22年)

    2-08.「お園は暫らく戸籍調べに余念なし。「アゝみんな善いお人<u>らしい</u>。おさんどん迄優しさうな。」」   (細君、明22年)

2.2.1.3.『墨染桜』

川上眉山[11]의『墨染桜』[12](1890, 明23)에서는「みたようだ」뿐만이

---

11) 川上眉山(1869~1908) 大阪 出生. 1884年(明17年) 東大 予備門에 入學, 山田美妙 등과 알게 되어 硯友社를 結成. 1886年(明19年)에 처녀작인『雪の玉水』를『我庫』第10号(1886, 明19年 12月)에 發表.

아니라「みたいだ」가 공존하고 있어 이 시기의 가장 주목되는 작품으로 손꼽을 수 있을 것이다.

    2-09.「貴郎を疑がツて、先程見たいな事を云はれますか。」
                                     (墨染桜、お房→吉川、明23年)

위의 예문은 お房[13])와 吉川[14])의 대화 장면으로 16,7歳의 唐物屋의 딸로 서민층 젊은 여성인 お房가 애인에게 대해 격의 없는 말투로서 사용되고 있다.

    2-10.「貴娘なら何んないゝ聟でも参ります」
        「何う致しまして私見たやうなものに……貴郎奥様は……」
                               (墨染桜、お房→賢輔、明23年)
    2-11.「私よりズツト立優つた方がいくらでも……山ほど有りますか
        ら私見たやうなコンナ足はないものにお目をお掛けなさらない
        で……」
                               (墨染桜、お房→賢輔、明23年)

위의 두 예문은 お房와 賢輔[15])의 대화 내용으로, お房가 화재로 거의 죽을 뻔한 상황에서 賢輔로부터 도움을 받는다. 첫 눈에 賢輔는 아름다운 お房에게 반하게 되고, 唐物屋도 다시 개업할 수 있도록 물심양면으로 도와서 お房의 어머니의 환심을 얻고 청혼을 하게 된다. 그러나 お房는 賢輔에게 고마움은 느끼지만 애인인 吉川과 1년 뒤에 만날 것을 약속

---

12) 1890年(明23年) 6月,『新著百種』第9号에 發表.
13) 16세로 本所 綠町의 吾妻屋라고 불리우는 唐物屋의 딸
14) 23,4세. 信州 上田의 富農의 외아들.
15) 26세로 부모로부터 재산을 물려받은 資産家.

한 상태이기 때문에 청혼을 거절한다. 이에 앙심을 품은 賢輔는 吉川를 죽이게 되고 お房는 18歲의 나이로 비구니가 되는데, お房가 도움을 받고 있는 賢輔에 대해서 자기 자신을 낮춰 「みたやうな」의 표현을 사용하고 있음을 알 수 있다.

이 『墨染桜』의 예문에서 주목되는 것은 使用例는 적지만, お房가 賢輔에 대해서는 「みたやうだ」를 사용한 반면, 애인인 吉川에게는 「みたいだ」를 사용하는 점으로 미루어 「みたやうだ」보다는 「みたいだ」가 보다 격의 없는 표현임을 추정할 수 있다는 점이다.

2.2.1.4. 『大さかづき』

같은 川上眉山의 『大さかづき』[16](1895, 明28)에서는 「みたやうな」의 용례는 보이지 않으나 「みたいだ」를 사용한 1예가 있어 주목된다. 船屋의 딸로 등장하는 お千代[17]와 梅吉[18]의 대화 장면으로 『墨染桜』에서와 같이 서민층의 젊은 여성의 말투로 「みたいだ」를 사용하고 있다는 점에서 공통점을 보인다.

2-12. 「うむ、気が付くな。お前のなら美味からう。」
　　　「嬉しがらせはお止しよ。そりやあ何うせ中洲の彼人見たいにやア行かないのさ。」(大さかづき、お千代→梅吉、明28年)

위의 용례는 이제까지의 「みたようだ/みたいだ」의 使用例가 連体形인 「みたような/みたいな」가 主流를 이루었던 것에 대해 「みたいに」라

---

16) 1895年(明28年) 1月 『文芸具樂部』 創刊号에 發表.
17) 20歲 전후의 쾌활한 성격의 여성.
18) 21-22歲 정도의 남성.

는 連用形이 등장했다는 점에서 주목된다. 1895년의 시점에 있어서「み たいに」의 등장은「みたいだ」의 形成 過程을 추정하는 데 있어서 示唆 的이라 할 수 있을 것이다.

2.2.1.5.『青葡萄』『金色夜叉』

尾崎紅葉의『青葡萄』(1895, 明28)에서의 樣態・推量의 表現 形式 은「ように」66例,「ような」20例,「ようで」7例,「ようだ」18例와 같은 사용 빈도를 보이며,「らしい」를 사용한 용례가 3例 확인된다.「みたよう だ」나「みたいだ」의 使用例는 보이지 않으나, 推量 形式에 仮定形을 접속시킨「ようなら」의 형태가 1例 확인된다.

같은 尾崎紅葉의 작품인『金色夜叉』19)에서는 2例의「みたようだ」 가 확인된다.『金色夜叉』는 우리에게 長恨夢으로 翻案되어 소개된 소 설로 주인공 間貫一와 약혼녀 宮와의 돈과 사랑에 얽힌 복수극을 내용으 로 한 것으로 엄밀하게 말한다면 未完의 작품이다. 여기에서는 다음과 같은 2例의「みたやうな」를 확인할 수 있다.

2-13.「然やうでございますよ、年紀四十約の蒙茸と髭髯の生えた、 身材の高い、剛い顔の、全で壮士見たやうな風体をしてお在 でした。」　　　　　　　　（金色夜叉、老婢→間貫一、明30年）

話者인 老婢는 話題의 인물을 形容하는 데 있어서 나이는 40세정도 로 수염이 난 얼굴에 키도 크고 무서운 얼굴을 하고 있는 壮士와 같은

---

19) 1897年(明30年)부터 1902年(明35年)에 讀賣新聞에 連載한 尾崎紅葉의 代 表作.

용모였다고 묘사하고 있다. 이것은 당시의 壯士라는 단어가 지닌 분위기로 볼 때 「壯士見たやうな」의 표현은 「정체불명의 마치 불량배 같은」이라는 뜻으로 해석할 수 있을 것이다.

 2-14.「而して富山見たやうなあんな奴がまあ紛々然と居て、番狂せを為て行くのですから、それですから、一日だつて世の中が無事な日と云つちや有りは致しません。奈何したらあんなにも気障に、太好かなく、厭味たらしく生れ付くのでせう。」
(金色夜叉、お静→間貫一、明30年)

お静는 狭山의 아내로 혼자 생활하는 間의 편의를 봐주기 위해 間의 집에서 와 있던 중 富山의 애기가 나오자 투덜대면서 富山 애기라면 소름이 돋는다고 말하고 있다. 이런 점으로 미루어 「富山見たやうな」라는 표현은 비난조 내지는 힐난하는 말투라는 것을 알 수 있다.

 위의 2例의 「みたやうな」는 저속한 표현으로 사용되고 있다는 점에서 앞에서 살펴본 用例들과 言語位相的 性格에는 큰 차이가 없다고 말할 수 있을 듯하다. 다만 2-13의 용례가 나이든 老婢가 사용한 것인 반면 2-14는 젊은 여자가 사용하고 있다는 점이 주목을 끈다.

2.2.1.6.『変目伝』
広津柳浪[20]의 『変目伝』(1895, 明28年)에서는 「ように」17例,「ような」3例,「ようで」2例,「ようだ」는 7例가 확인된다.「らしい」나 「みた

---

20) 1861年(文久元年), 長崎市 出生. 1877年(明10年) 外語語學校를 졸업하고 東京大學 医學部予備門에 진학, 그 후 農商務省의 관리로서 일하다가 作家로서의 길로 접어들게 된다.

ようだ/みたいだ」의 使用例는 확인되지 않는다. 長篇 小說에 해당하는 『変目伝』에서 이들 표현 형식의 사용 빈도가 극히 낮은 것은 異例的이라 할 수 있을 것이다.

2.2.1.7. 『今戸心中』
『変目伝』의 작품과 作中 人物만이 아니라 작품의 줄거리까지 매우 흡사한 『今戸心中』(1896, 明29年)에서는 다음과 같은 「みたいだ」의 用例를 1例 확인할 수 있다.

2-15. 「能代の膳には、德利が袴を穿いて、児戯見たいな香味の皿と、木皿に散蓮華が添へて置いてあツて、猪口の黄金水には、桜の辯が二枚散ツた画と、端に吉里と仮名で書いたのが、浮いて居るかの様に見える。」
(今戸心中、地文、明29年)

이 『今戸心中』의 用例는 「みたいだ」가 地文에 등장하고 있다는 점이 주목을 끈다. 결론적으로 말해 이것은 「みたいだ」의 口語性에 문제가 있는 것이 아니라 당시의 言文一致体 小説에서 地文과 対話文이 명백하게 분리되어 있지 않은 현실을 반영한 것으로 생각된다. 즉 이와 같은 「みたいだ」는 会話文的인 地文의 일종으로 해석할 수 있을 듯하다.

2.2.1.8. 『牛肉と馬鈴薯』
国木田独歩[21]의 『牛肉と馬鈴薯』(1901, 明34年)에서는 다음과 같은

---

21) 1871年(明4年) 千葉縣 銚子 出生. 그 후, 岩國의 錦見小學校, 山口의 今道小學校를 거쳐 山口中學校에 入學, 1890年(明23年) 東京專門學校 退学

1例의 「みたようだ」가 확인된다.

> 2-16. 「今に申します。諸君は今日のやうなグラグラ政府には飽きられたゞらうと思ふ、そこでビスマークとカブールとグラツドストンと豊太閤見たやうな人間をつきまぜて―鋼鉄のやうな政府を形り、思切つた政治をやつて見たいという希望があるに相違ない、」
> (牛肉と馬鈴薯、岡本→綿貫・近藤らの青年、明34年)

위의 用例는 20-30대 남성들의 대화 장면에서 등장하는 것으로 「みたやうな」를 인물 묘사에 사용하고 있다는 점에서 앞의 用例들과 공통점을 찾을 수 있다. 다만 위의 用例는 이제까지 살펴 본 저속한 표현 중에 등장한 표현이라기보다는 일반적인 平常語 속에 등장한 표현으로 해석하는 편이 타당할 듯하다.

2.2.1.9. 『平凡』

『浮雲』(1889, 明22)에서는 「見たようだ」의 使用例를 5例 확인할 수 있었던 반면, 二葉亭四迷의 그로부터 18년이 경과한 『平凡』(1907, 明40)에서는 「見たようだ」의 使用例가 보이지 않는다. 여타의 表現形式에 있어서는 「ように」115例, 「ような」125例, 「ようで」14例, 「ようだ」32例의 사용 빈도를 보이며, 「らしい」의 使用例가 5例 확인된다.

推量 表現의 「ようだ」「らしい」의 사용이 地文에서가 대부분이며, 다음 도표는 対話文에서 나타나는 用例 数를 비교하였다.

후, 1897年(明30年)부터 友人 田山花袋의 권유로 文學 活動을 시작함.

〈표 8〉『浮雲』와『平凡』「みたようだ/みたいだ」使用例 数의 比較

語＼作品	見たやうだ				みたいだ				やうだ					らしい	
	見たやうに	見たやうな	見たやうで	見たやうだ	みたいに	みたいな	みたいで	みたいだ	やうに	やうな	やうで	やうだ	やうなら	らしい	らしく
浮雲	2	3							12	18	2	4		3	
平凡									2	1		6		2	

2-17.「少し妙のやうだが、なに、妙でも何でもない。」

(平凡、明40年)

2-18.「余所の車は風を切つて飛ぶやうに走る中を、のそのそと歩いて来たので、ちつとも骨なんぞ折つちやゐない。」

(平凡、明40年)

2-19.「だから、家で人間らしいのは雪江さんばかりだと言ふのだ。」

(平凡、明40年)

2.2.1.10.『三四郎』

일본의 국민작가라 불리는 夏目漱石(1867-1916)의『三四郎』(1908, 明41年)에는「みたいだ」의 使用例는 확인되지 않으나「みたようだ」를 적지 않게 사용하고 있어 주목된다.『三四郎』에 등장하는「みたようだ」는 다음과 같은 7例를 확인할 수 있다.

2-20.「何だか馬鹿見た様な味がする。」　(三四郎、地文、明41年)

2-21.「「御出でやす。御這入んなさい」と友達見た様に云ふ。」

(三四郎、地文、明41年)

2-22.「御城だけに堅牢してゐる。法文科見た様に倒れさうでない。」
　　　　　　　　　　　　　　　　　　（三四郎、地文、明41年）
2-23.「丸で呪見た様な事をしてゐた。」　（三四郎、地文、明41年）
2-24.「此馬鹿見た様な挨拶が上下で一句交換されると、三四郎は部
　　　　屋の中へ首を引込める。」　　　　（三四郎、地文、明41年）
2-25.「たゞ三輪田の御光さんも待つてゐると割註見た様なものが付
　　　　いてゐる。」　　　　　　　　　　（三四郎、地文、明41年）
2-26.「入場券は象牙と鉛と二通りあつて、何れも賞牌見たやうな恰
　　　　好で、表に模様が打ち出してあつたり、彫刻が施こしてある
　　　　と云ふ事も聞いた。」　　　　　　（三四郎、地文、明41年）

　7例의「みたようだ」는 連体形「みたような」5例, 連用形「みたよう
に」2例의 분포를 보이고 있으나 地文에 쓰이고 있는 경우도 적지 않아
소세키 자신의 言語 意識이 어느 정도 반영된 것으로 해석할 수 있을
듯하다. 특히 東京 토박이(江戸っ子)라고 할 수 있는 소세키의 작품에
이 같은 표현 형식이 적지 않게 등장하는 것은「みたようだ/みたいだ」의
형성에 있어서 지역성의 문제를 생각할 때 흥미 깊은 현상이라 아니할
수 없다.

2.2.1.11.『それから』

　1909年(明42年)에 刊行된 소세키의 또 하나의 長篇小説『それから』
에서도「みたいだ」의 使用例는 확인되지 않으나「みたようだ」는 다음
과 같이 대화문에서 4例, 地文에서 1例가 확인된다.

2-27.「何だか明日にも危しくなりさうですな。どうも先生見た様に
　　　　身体を気にしちや、――仕舞には本当の病気に取つ付かれる

かも知れませんよ」　　　　　（それから、門野→代助、明42）

주인공 代助의 집에 書生으로 들어가게 된 門野는 代助에게 항상 先生이라는 호칭을 사용한다. 門野에게는 지식인으로 보이는 代助에 대한 예우의 호칭이고 여기에서는 그런 代助에게「見た様に」를 사용하고 있다는 점에서 주목을 끈다.

 2-28.「そいつは面白い。僕<u>見た様に</u>局部に当つて、現実と悪闘してゐるものは、そんな事を考へる余地がない」
（それから、平岡→代助、明42）
 2-29.「そんな論理学の命題<u>見た様</u>なものは分らないな」
（それから、平岡→代助、明42）

위의 2例는 平岡와 代助의 대화 장면으로 자기 자신을「僕見た様に」라고 표현하고 있는 것은 자신에 대한 卑下的인 뉘앙스를 담고 있는 표현이라 할 수 있을 것이다. 또한 2-29의 用例도 빈정대는 투의 표현으로 이 두 用例는 공히 사회적인 位相이 그리 높지 않은「みたようだ」로 판단된다.

 2-30.「それ程偉い貴方でも、御金がないと、私<u>見た様</u>なものに頭を下げなけりやならなくなる」　（それから、梅子→代助、明42）

위의 用例에서 梅子는 代助의 형수이고 경제적으로 궁핍해진 代助가 도움을 요청하는 장면이다. 이 때 형수인 梅子가 자기 자신을「私<u>見た様</u>なもの」로 표현하고 있는데 이것은 2-28의 用法과 동일한「みたようだ」

의 사용으로 처리할 수 있을 것이다.

 2-31.「兄は東京だつて、御前<u>見た様な</u>の許はゐないと云つた。」
(それから、地文、明42)

 2-31은 地文에 나타난「みたようだ」이나 역시 2-29과 같은 뉘앙스를 갖고 있는 표현으로 볼 수 있을 듯하다. 이렇게 볼 때『それから』에 등장하는「みたようだ」는 2-27을 제외하면 從來와 같은 격의 없이 사용하는 표현 범주에 속하는 用例들이라고 할 수 있을 것이다.

2.2.1.12.『雁』
 森鴎外(1862-1922)의『雁』(1911, 明44年)에서는「やうに」167例,「やうな」98例,「やうで」8例,「やうだ」18例,「らしい」27例,「らしく」12例의 사용 빈도를 보이는데, 다음과 같은「みたいだ」의 用例가 1例 확인된다.

 2-32.「さう。別品とおたふくとに、お揃の蝙蝠を差させて。」
   「おや。なんだい、それは。お茶番の趣向<u>見たいな</u>事を言つてゐるぢやないか。」
   「えゝ、どうせわたしなんぞは真面目な狂言には出られませんからね。」
(雁、末造→妻、明44)

 이것은 고리대금업자인 末造와 お玉와의 관계를 의심하기 시작한 末造의 부인과 末造가 부부 싸움을 하는 장면이다. 여기에서 末造는 자기 부인에게「お茶番の趣向<u>見たいな</u>事」라는 표현을 사용하고 있다. 이 경우 역시 저속한 표현 범주에 속하는 「みたいだ」의 用例로 정리할 수 있을 것이다.

2.2.1.13. 『彼岸過迄』

『彼岸過迄』22)는 夏目漱石의 分析 作品 가운데에서는 처음으로 「みたいだ」의 用例가 나타나며, 따라서 결과적으로 「みたようだ」와 「みたいだ」가 공존하는 작품으로서 특히 주목된다.

> 2-33. 「然し僕は貴方見たやうに変化の多い経験を、少しでも好いから嘗めて見たいと何時でもさう思つてゐるんです」
> (彼岸過迄、敬太郎→森本、明45年)
> 2-34. 「尤も貴方見たいに学のあるものが聞きあ全く嘘のやうな話さね。」 (彼岸過迄、森本→敬太郎、明45年)

2-33과 34는 대학을 졸업하고도 취직을 하지 못하고 있는 敬太郎와 같은 하숙집 아래층에 살고 있는 森本와의 대화 장면이다. 森本는 30代로 공무원 생활을 하다가 휴직 중에 있는 남자이다. 이러한 森本에게 敬太郎가 「貴方見たやうに」라고 文句를 사용하는 반면 森本는 敬太郎에게 「貴方見たいに」라는 식의 표현을 하고 있다. 이들 例文에 등장하는 「みたようだ」와 「みたいだ」의 차이를 명확히 하기는 어렵지만 「みたようだ」가 「みたいだ」에 비하여 정중체를 사용하는 문말 표현에 사용되고 있다는 점은 주의를 요한다.

---

22) 1912年(明45年)刊. 短編을 모아서 長編小説로 構成한 技法을 採用한 最初의 小説.

2-35.「彼奴の脳と来たら、年が年中摺鉢の中で、擂木に撹き廻されてる味噌見たやうなもんでね。」
(彼岸過迄、松本→敬太郎、明45年)
2-36.「美人でさへ左うなんだから君見たいな野郎が窮屈な取扱を受けるのは当然だと思はなくつちや不可ない。」
(彼岸過迄、松本→敬太郎、明45年)

위의 두 用例는 자기 스스로 高等 遊民이라고 자칭하는 松本가 敬太郎에게 말하는 장면이다. 2-35에서는 話題의 人物을 빗대어서「みたようだ」를 사용하고 있고, 2-36에서는 서로 격의 없는 대화 속에서 상대방에게 친밀감을 표현하기 위해「みたいだ」를 사용한 것으로 해석할 수 있다.

2-37.「厭よ又此間見たいに、西洋烟草の名なんか沢山覚えさせちや」
(彼岸過迄、千代子→松本、明45年)
2-38.「相変らず偏屈ね貴方は。丸で腕白小僧見たいだわ」
(彼岸過迄、千代子→敬太郎、明45年)
2-39.「左様すると丸で看護婦見た様ね。好いわ看護婦でも、附いて来て上るわ。何故さう云はなかつたの」
(彼岸過迄、千代子→須永、明45年)

2-37는 千代子가 숙부인 松本에게 말하는 장면, 2-38는 千代子가 호의를 가지고 있는 敬太郎에게 말하는 장면이다. 이 두 用例는 비교적 젊은 千代子가 격의 없이 말하는 장면에서「みたいだ」를 사용한 것으로 보인다. 2-39은 千代子가 敬太郎의 친구인 須永와의 대화인데 敬太郎에 비해 약간 거리를 두고 있는 須永와는「みたようだ」를 사용하고 있다.

2-40.「云へれば誰だつて云ふさ。何も江戸つ子に限りあしない。君見た様な田舎ものだつて云ふだらう」
(彼岸過迄、須永→敬太郎、明45年)
2-41.「千代ちやんの様な活潑な人から見たら、僕見たいに引込思案なものは無論卑怯なんだらう」
(彼岸過迄、須永→千代子、明45年)

2-40은 敬太郎와 친구 須永와의 격의 없는 대회 장면으로 須永는 敬太郎에게「みたようだ」를 사용하고 있다. 여기에서의「みたようだ」는 例文의 内容上 냉소적인 뉘앙스를 가지고 있는 것으로 볼 수 있다. 2-41은 須永와 千代子의 대화인데 여기에서는 須永 자신을 빗대어 표현하면서「みたいな」를 사용하고 있다.

2-42.「市さんには大人しくつて優しい、親切な看護婦見た様な女が可いでせう」(彼岸過迄、敬太郎→叔母、明45年)
2-43.「看護婦見た様な嫁はないかつて探しても、誰も来手はあるまいな」(彼岸過迄、叔母→敬太郎、明45年)

이 두 用例는 敬太郎와 叔母의 대화 장면으로 모두가「みたようだ」를 사용하고 있다. 지금까지 살펴본 대화문에 있어서「みたいだ」는 1인칭과 2인칭에 관련된 표현에,「みたようだ」는 3인칭에 관련된 표현에 주로 쓰이고 있다는 특징이 엿보인다고 말할 수 있을 것이다. 또한 性別의 기준이 결정적인 사용 구분으로 작용하기는 어려울 것으로 보이나「みたいだ」가 비교적 여성 쪽에 친숙한 경향을 보이고 있다는 점은 주목된다.

한편『彼岸過迄』의 地文에는「みたようだ」만이 사용되어지고 있다. 다음에 地文에 등장하는 7例의「みたようだ」를 転載해 보기로 한다.

第2章 資料의 分析 65

2-44. 「御仙が事務所の前で、松本ですがと云ふと、郵便局の受付口<u>見た様</u>な窓の中に坐つてゐた男が、鍵は御持ちでせうねと聞いた。」　　　　　　　　　　　（彼岸過迄、地文、明45年）
2-45. 「さうして二人の向側にある涼み台<u>見た様</u>なものゝ上に腰を掛けた。」　　　　　　　　　　　　　　　（彼岸過迄、地文、明45年）
2-46. 「一度僕が此様子なら大丈夫らしいね、何うも御前の予言の方が適中したらしいと云つた時、妻は愛想もなく、当り前ですわ、三面記事や小説<u>見たやう</u>な事が、滅多にあつて堪るもんですかと答へた。」　　　　　　　（彼岸過迄、地文、明45年）
2-47. 「其上絶えず人夫を使って草取をした上で、六年間苗木の生長するのを馬鹿<u>見たやう</u>に凝と指を銜えて見てゐなければならない段になつて……」　　　　　　　（彼岸過迄、地文、明45年）
2-48. 「敬太郎は警視庁の探偵<u>見たやう</u>な事がして見たいと答へた。」　　　　　　　　　　　　　　　　　　（彼岸過迄、地文、明45年）
2-49. 「唯エヘ、と馬鹿<u>見た様</u>に笑つてゐた。」　　　　　　　　　　　　　　　　　　（彼岸過迄、地文、明45年）
2-50. 「人は僕を老人<u>見た様</u>だと云つて嘲るだらう。」　　　　　　　　　　　　　　　　　　（彼岸過迄、地文、明45年）

　이와 같이 전체 18例 가운데「みたいだ」의 用例가 5例 밖에 보이지 않는다는 것은 아직까지「みたいだ」가 일반화되어 있지 않다는 것을 의미하는 現象으로 이해할 수 있을 것이다.『彼岸過迄』에서「みたようだ」와「みたいだ」의 對話文에서 사용자와 사용 횟수를 표로 정리해 보면 아래와 같다.

〈표 9〉『彼岸過迄』의 사용자별「みたようだ/みたいだ」

청자＼화자	敬太郎	森本	松本	千代子	須永	叔母
森本	A(2)					
敬太郎		B(1)	A(1) B(1)	B(1)	A(1)	A(1)
松本				B(1)		
叔母	A(1)					
須永				A(1)		
千代子					B(1)	

(A:「みたようだ」 B:「みたいだ」)

이들 사용자의 年齡層은 적게는 20대에서 많게는 50대 사이로 수렴된다. 성별 분포 또한 여성과 남성이 비교적 고른 분포를 보이고 있다. 다만 「みたいだ」의 경우, 千代子라는 여성 캐릭터에 의해서 중복 사용되고 있다는 점이 주의를 끈다.

2.2.1.14.『行人』

『彼岸過迄』와 같은 해에 집필된 夏目漱石의『行人』(1912, 明45年)에서도「みたようだ」와 함께「みたいだ」가 共存하고 있음이 確認된다.

 2-51.「「何方も酔つてるんだよ。小僧の癖に」と岡田が云つた。「貴方見たいね」とお兼さんが評した。」

          (行人、お兼→岡田、明45年)

2-51은 岡田의 부인인 お兼가 남편에게 격의 없는 표현으로「みたいだ」를 사용하고 있는 예문이다.

2-52.「何だそんな朱塗りの文鎮見たいなもの。要らないから早く其
　　　方へ持つて行け」　　　　　　　　（行人、父→二郎、明45年）
2-53.「今ぢや中々偉くなつてゐますよ。私見たいな老朽とは違つて
　　　ね」　　　　　　　　　　　　　（行人、父→盲女、明45年）
2-54.「おい二郎、又御母さんに小遣でも強請つてるんだらう。お
　　　綱、お前見たやうに、さう無暗に二郎の口車に乗つちや不可
　　　ない」　　　　　　　　　　　　（行人、父→母、明45年）

　2-52, 53, 54의 話者는 모두 아버지이다. 2-52와 53은 냉소적 또는 自己卑下的으로「みたいだ」를 사용하고 있고, 2-54에서는 자기 부인에 대해서 중립적인 표현으로「みたようだ」를 사용하고 있다. 2-54과 같은 用例가「みたようだ」의 상대적인 言語位相의 높음을 의미하는 것인지에 대해서는 보다 면밀한 검토를 필요로 한다고 해야 할 것이다.

2-55.「二郎, 御前見たいに暮して行けたら、世間に苦はあるまいね」
　　　　　　　　　　　　　　　　　　（行人、母→二郎、明45年）
2-56.「たゞ夫丈の事なんです。しかも向ぢや全く知らないんだから其
　　　積で居て下さい。お重見たいに好い加減な事を云ひ触らす
　　　と、僕は何うでも構はんにした所で、先方が迷惑するかも知
　　　れませんから」　　　　　　　　（行人、二郎→母、明45年）

　2-55와 56은 母子間의 격의 없는 표현으로「みたいだ」를 사용하고 있는 用例이다. 문맥으로 볼 때 이들「みたいだ」는 약간 냉소적인 뉘앙스를 가지고 있다고 해석할 수 있을 듯하다.

2-57.「「牢屋見たいだな」と兄が低い声で私語いた。」

2-58. 「斯うして髭を生やしたり、洋服を着たり、シガーを街へたりする所を上部から見ると、如何にも一人前の紳士らしいが、実際僕の心は宿なしの乞食見たやうに朝から晩迄うろうろしてゐる」　　　　　　　　　　　（行人、兄→二郎、明45年）

2-59. 「さう裁判所みたやうに生真面目に叱り付けられちや、折角咽喉迄出掛つたものも、辟易して引込んぢまいますから」
　　　　　　　　　　　　　　　　　（行人、二郎→兄、明45年）

2-60. 「斯う時間が経つと、何だか気の抜けた麦酒見た様で、僕には話し悪くなつて仕舞ひましたよ」（行人、二郎→兄、明45年）

2-61. 「さう女見たやうに解釈すれば、何だつて軽薄に見えるでせうけれども……」　　　　　　　（行人、二郎→兄、明45年）

2-62. 「矢つ張り三勝半七見たやうなものでせう。」
　　　　　　　　　　　　　　　　　（行人、二郎→兄、明45年）

위의 6예는 대학 교수인 兄과 주인공인 二郎 사이에 행해진 대화 속에 나타난 경우이다. 2-57의 1예를 제외하고는 모두「みたようだ」를 사용하고 있는데 대부분이 중립적인 뉘앙스를 가지고 사용된 것으로 해석할 수 있을 듯하다.

2-63. 「お貞さん、余計な事を話して御気の毒だつたね。今のは冗談だよ。二郎の様な向ふ見ずに云つて聞かせる事を、つい お貞さん見たいな優しい娘さんに云つちまつたんだ」
　　　　　　　　　　　　　　　　　（行人、兄→お貞、明45年）

이것은 대학 교수인 二郎의 兄이 혼담을 앞두고 있는 お貞에게 사용하고 있는「みたいだ」의 用例이다. 여기에서의「みたいだ」는 文脈으로 볼

때 완전히 중립적인 의미로 쓰인 例로 분류할 수 있을 것이다.

> 2-64. 「だから私に早く嫁に行けなんて余計な事を云はないで、あなたこそ早く貴方の好きな嫂さん見た様な方をお貰ひなすつたら好いぢやまりませんか」　　　(行人、お重→二郎、明45年)
> 2-65. 「たゞ兄さん見たいに訳の解った人が、家庭間の関係で、御前抔に心配して貰ふ必要が出て来るものか、黙つて見て居らつしやい」　　　(行人、お重→二郎、明45年)
> 2-66. 「貴方の顔は将棋の駒見たいよ」(行人、お重→岡田、明45年)

위의 2-64, 65, 66은 모두 二郎의 여동생인 お重가 사용하고 있는 用例이다. 상대방에 대한 직접적인 표현에는「みたいだ」를, 제3의 話題의 人物에 대해서는「みたようだ」를 사용하고 있음을 볼 수 있다. 이 같은 경향은『彼岸過迄』에서도 볼 수 있었던 것이나 예외적인 用例도 있어 이것을 절대적인 사용 기준으로 규정하기에는 무리가 따른다.

> 2-67. 「ぢや、お前も早く兄さん見た様な学者を探して嫁に行つたら好からう」　　　(行人、二郎→お重、明45年)
> 2-68. 「感心にお前見た様な女でも謙遜の道は小々心得てゐるから偉いね」　　　(行人、二郎→お重、明45年)

위의 2例는 二郎가 동생인 お重에게 얘기한 대화 속에서 등장하고 있는 것들이다. 이 경우의「みたようだ」에는 약간 냉소적인 뉘앙스가 담겨 있다고 생각해도 좋을 것이다.

2-69.「お重さん是お貞さんのよ。好いでせう。あなたも早く佐野さん見た様な方の所へ入らつしやいよ」

(行人、嫂→お重、明45年)

2-70.「男は厭になりさへすれば二郎さん見たいに何処へでも飛んで行けるけれども、女は左右は行きませんから」

(行人、嫂→二郎、明45年)

2-69과 70의 話者는 형수이다. 이 경우에도 제3의 人物에 대해서는 「みたようだ」를, 상대방에 대한 직접적인 표현에는 「みたいだ」를 사용하는 경향을 볼 수 있다. 즉 「みたいだ」가 상대적으로 격의 없는 표현에 사용되는 것으로 해석할 수 있지 않을까 생각된다. 그 외에도 『行人』에는 다음과 같이 地文에 사용된 「みたようだ」를 확인할 수 있다.

2-71.「兎に角此美しい看護婦から自分は運勢早見なんとかいふ、玩具の占ひの本見た様なものを借りて、三沢の室でそれを遣つて遊んだ。」　　　　　　(行人、地文、明45年)

2-72.「それは彼の友達と云ふよりも寧ろずつと後輩に当る男の艶聞見たやうなものであつた。」　　　(行人、地文、明45年)

2-73.「自分達の室は地面の上の穴倉見た様な所で、四方共頑丈な建物だの厚い塗壁だのに包まれて、縁の前の小さい中庭さへ比較的安全に見えたけれども……」(行人、地文、明45年)

地文 쪽에는 등장하는 「みたようだ」는 『彼岸過迄』의 경우와 동일한 경향으로서 주목을 끈다. 전반적으로 『行人』에 보이는 「みたようだ/みたいだ」의 様相은 『彼岸過迄』의 그것과 大同小異하다고 할 수 있을 것이다. 다만 『彼岸過迄』보다 상대적으로 「みたいだ」의 사용 빈도가 늘었

다는 점은 지적할 수 있을 듯하다. 하지만 아직 「用言 + みたいだ」는 나타나지 않고 있으며 地文에서도 「みたいだ」의 용례는 좀처럼 찾아 볼 수 없다. 『行人』에서 보이는 「みたようだ/みたいだ」의 사용자와 사용 빈도를 표로 정리해 보면 다음과 같다.

〈표 10〉 『行人』의 사용자별 「みたようだ/みたいだ」

화자 청자	お兼	父	母	兄	二郎	お重	嫂
岡田	B(1)	B(1)					
二郎			B(1)	B(2)		A(1) B(1)	B(1)
兄					A(4)		
お貞				B(1)			
お重					A(2) B(1)		A(1)
盲女		B(1)					
母		A(1)					

(A:「みたようだ」 B:「みたいだ」)

지금까지 살펴본 明治 後期에 있어서 助動詞 「みたようだ/みたいだ」의 사용 양상을 종합해 보면 다음과 같이 정리할 수 있을 것이다.

〈표 11〉明治 後期의「みたようだ/みたいだ」

作品＼語	見たやうだ					みたいだ				やうだ					らしい	
	見たやうに	見たやうな	見たやうで	見たやうだ	見たやう	みたいに	みたいな	みたいで	みたいだ	やうに	やうな	やうで	やうだ	やう	やうなら	らしい	らしく
浮雲	2	2(1)								12	18	2	4			3	
細君										2	1		6			2	
墨染桜		2					1			45	6	1	4				
大さかづき						1				3	8	2	3			1	
青葡萄										2	3	2	6	1			
変目伝										2	3	2	5				
今戸心中										6	8	1	5				
金色夜叉		2								53	114	10	20	3	3	5	
牛肉と馬鈴薯		1								7	14		2			1	
平凡											3	1	3				
三四郎	(2)	(5)								21	25	3	36	1		4	1
それから	1	2(1)								13	21	2	27	2	1	3	
雁							1			6	14	1	6	1			
彼岸過迄	3(2)	4(4)		1(1)		3	1		1	18	37	6	25			4	1
行人	4	5(3)	1			4	3		3	34	31	3	34	3		19	3
합계	10(4)	18(14)	1	1(1)	0	8	6	0	4	224	306	36	186	10	5	42	5

( )안의 수는 지문을 나타낸다.

이상으로 明治 後期(1889-1912)의 「みたようだ/みたいだ」使用 實態를 文學 作品 속에서 조사해 본 결과 다음과 같은 사실을 확인할 수 있었다.

먼저 前 時期에 볼 수 없었던 「みたいだ」의 用例를 『墨染桜』(明治23

年, 1890)에서 확인할 수 있었다. 이것이 初出例인지는 분명하지 않으나 「みたいだ」의 형성 시기를 明治 前期(1868-1888)를 前後한 時点으로 보는 立場의 유력한 근거가 될 수 있을 것으로 생각된다. 그러나 이 時期에는 「みたいだ」보다는 「みたようだ」의 사용 빈도가 높았으며 그것도 「ようだ」와 「らしい」의 사용 빈도에는 현저하게 못 미치는 것이었다. 따라서 이 時期의 様態・推量 表現의 主流는 여전히 「ようだ」와 「らしい」로 보아야 할 것이다.

하지만 그와 같은 상황 속에서도 「みたようだ」와 함께 「みたいだ」가 사용되기 시작했다는 사실은 「みたいだ」의 通時的인 시각에서 볼 때 看過할 수 없는 의미를 갖는다고 할 것이다. 또한 이들 形式이 적지 않게 등장하고 있는 夏目漱石의 『彼岸過迄』(1912)는 이들 形式의 정착 과정에 있어서 하나의 分岐点이 될 수 있을 것으로 보인다.

이 時期에 등장하는 「みたいだ」와 「みたようだ」의 사용에 있어서 文法的인 辨別性은 뚜렷하지 않으나, 「みたようだ」가 地文 쪽에 많이 등장한다는 것은 그만큼 「みたいだ」의 口語性을 반증하는 현상이 아닐까 생각된다. 또한 이들 형식은 「みたような/みたいな」와 같은 連体形이나 「みたように/みたいに」와 같은 連用形로만 사용되어지고 있으며, 意味・機能에 있어서도 「様態」표현에 한정된다는 공통점을 보이고 있다.

한편 「みたようだ/みたいだ」의 사용자는 年齢으로 볼 때 20대에서 老人에 이르기까지 폭넓은 使用層을 가지고 있음을 알 수 있으며, 性別에 있어서도 「みたいだ」가 여성 쪽에 친숙한 흔적은 감지되나 어느 한 쪽에 치우쳐 있다고 하기는 어렵다. 다만 이들 형식이 등장하는 文脈은 冷笑的인 뉘앙스를 가지는 「様態」표현이 主流이며, 따라서 이들 형식의 初期 段階에 있어서는 社会言語的인 位相이 높지 않았던 표현 형식이었음은

어느 정도 推定할 수 있었다. 이들 형식을 중립적인 표현으로 사용한 用例는『彼岸過迄』(1912)에 이르러 확인할 수 있었다고 보아야 할 것이다. 또한 이들 형식을 夏目漱石가 적지 않게 사용하고 있었다는 사실은 이들 형식의 발생지역이 東京地域이었음을 강하게 示唆하는 것으로 주목할 수 있을 것이다.

2.2.2. 学習書의「みたいだ」

이 시기의 분석 대상으로는『日本語口語入門』(1889, 明22年)과『校訂交隣須知』(1905, 明37年)가 있다.『日本語口語入門』은『会話篇』이나『日本口語文典』과 같이 메이지(明治)時代를 대표하는 英学 資料의 하나이며,『校訂交隣須知』는 朝鮮資料로서 분류할 수 있는 것으로 江戸 時代 이래 使用되어온 韓国語 学習書인『交隣須知』를 이 時期에 들어 대폭적으로 改訂한 것이다. 이들 역시 당시의 口語를 反映하고 있는 1급 資料라고 할 수 있다.

2.2.2.1.『日本語口語入門』(1889, 明22年)

原題는 **A Handbook of Colloquial Japanese**. 1889年刊, B. H. Chamberlain著. Chamberlain은 1873年 日本에 들어와 日本語와 古典 研究에 힘을 기울이면서 1886年, 東京大学 教授로 부임, 日本語学과 博言学을 강의했다. 초창기 日本의 대표적인 国語学者이자 言語学者인 上田万年은 Chamberlain의 제자이다.

이 책은 무엇보다도 口語가 方言이나 俗語로서 정당한 자리 매김이 되어있지 않았던 明治 後期의 口語文法의 이론적 토대를 쌓았다는 데에

意義를 찾을 수 있을 것이다. 또한 이것은 당시 外國人을 위한 日本語 学習書로서 널리 사용되었다는 점에서 収録 言語의 同時代性을 그 특징으로 指摘할 수 있을 것이다.

특히 각 항의 구체적인 인용문이나 후반부에 収録된 응용편의 문장은 明治時代의 東京語의 발음·어휘·관용 표현의 특징이 잘 드러나 있어 당시의 口語 資料로서의 活用 価値가 높다.

調査의 結果,『日本語口語入門』(1889)에서도『会話篇』이나『日本口語文典』과 같이「みたいだ」의 用例는 확인할 수 없었다. 여기에서도 동일한 표현의 主流는 다음과 같은 ヨウダ가 담당하고 있었다고 해야 할 것이다.

○ *Oki wa, yohodo nami ga arai <u>yo desu</u> kara, fune wa demasumai.*
(Chapter 5.)
(Out at sea the waves seem pretty rough; so probably the vessel will not sail.)

○ *Moto kara ima no <u>yo ni</u> hige wo hayashite imashita ka?*
(Chapter 9.)
(Did (the Japanese) formerly grow mustaches, as they do now?)

또한 주의를 요하는 것은『日本語口語入門』에서는「みたようだ」의 使用例가 보이지 않는다는 점이다. 이것은『会話篇』이나『日本口語文典』에서 각각 1예의「みたようだ」의 使用例를 확인할 수 있었던 것과는 차이점을 보인다. 다만『日本語口語入門』에서는 표현의 主流를 차지했던 連体形「ような」나 連用形「ように」와는 달리 다음과 같은「よう + だ」의 형태가 보이고 있는 것은 이 時期의 日本語의 特徵을 대변해 주고 있는 것이다.

○ *Namitaitei no mono nara, kitte shimaimasu ga, —ano wakai ho wa domo byoshin no <u>yo da</u> kara, kiremai, ne!*
(応用編, Chapter 1. Botan-Doro)
(Any average man would cut the ruffian down. But I suppose the young *samurai* won't be able to do so, -will he? - for he looks weakly.)
Nani! Are wa, kenjutsu wo shiranai no daro.
(応用編, Chapter 1. Botan-Doro)
(Don't you believe it! It must be because he doesn't know how to use a sword.)

2.2.2.2. 『校訂交隣須知』(1905, 明37年)

주지하는 바와 같이『交隣須知』는 江戸 時代 以来 使用되어온 대표적인 日本의 韓国語 学習書이다. 이 책의 本文은「天文」「時節」「昼夜」와 같이 主題別 意味 分類에 의한 部門을 設定하고, 각 部門에는 그 主題에 맞는 標題語를「天, 日, 三台星, 風, …」과 같이 하나의 漢字語를 行頭에 제시한 다음 그에 관련된 韓国語 短文을 한글로 적고 있다. 이 韓国語 短文 옆에는 日本語 対訳이 片仮名文으로 記載되어 있는데 그 日本語의 性格이 당시의 口語를 반영하고 있는 것으로 알려져 있다. 따라서『交隣須知』는 韓国語 学習書임과 동시에 日本語 研究 資料로서도 충분히 이용할 수 있는 문헌으로 판단된다.

한편『交隣須知』는 江戸 時代의 筆写本의 형태에서 明治期에 접어

들면 外務省의 官版本으로서 活字化되기에 이르는 바, 그 첫 번째 刊行本이 明治14年(1881)版『交隣須知』이다. 이 後 明治14年本은 明治16年(1883)과 明治37年(1905)의 두 차례에 걸쳐 改訂版을 내게 되는데 이 가운데 明治37年本은 日本語의 時代的인 흐름을 반영하여 日本語 対訳을 平仮名文으로 바꾸는 등 대폭적인 改訂 作業에 의해서 탄생된 것이다. 따라서 여기에서 주된 관찰의 대상이 되는 것은 明治14年本과 明治37年本 사이에 보이는 日本語의 変化 様相이다.

먼저「みたいだ」에 대해서 말한다면 明治14年本과 明治37年本 兩者 모두 그 使用例를 찾아 볼 수 없다. ヨウダ의 경우는 明治14年本에서도,

   ○ 丹粧　ケシヤウシテ眉ヲ柳ノ葉ノ<u>ヤウニ</u>コシラヘタ
                                       (明治14年本, 巻3, 衣冠)
   ◎ 丹粧　お化粧をして眉毛を柳の葉の<u>やうに</u>つくつたな
                                       (明治37年本, 巻3, 服飾)

와 같이 그 使用例가 확인되고 있지만 明治37年本에 이르러서는 다음과 같은 用例에서 볼 수 있듯이 使用 頻度가 크게 증가하고 있음이 주목된다.

   ○ 螺鈿　アヲガヒノキセルカ近來ハ不用ニナリタ<u>サウニ</u>ゴザル
                                       (明治14年本, 巻3, 金宝)
   ◎ 螺鈿　青貝のきせるは近頃ははやらなくなつた<u>やうです</u>
                                       (明治37年本, 巻3, 金宝)

   ○ 鴉青　コンイロハ鳥ノ色ニニテコキ青ホ黒キ色デゴザル
                                       (明治14年本, 巻3, 布帛)

◎ 鴉青　紺は鳥の色の<u>やうな</u>濃い青色です（明治37年本, 巻3, 布帛）
○ 匙　匙デ飯クフハ朝鮮バカリデアルサウニゴザル
(明治14年本, 巻3, 盛器)
◎ 匙　さじて飯を食ふのは朝鮮より外はない<u>やうです</u>
(明治37年本, 巻3, 器皿)

○ 治　オサメヲヨクスレバ百姓ノウラミガゴザリマセヌ
(明治14年本, 巻3, 政刑)
◎ 治　うまく治めれは人民の怨を買ふ<u>やうな</u>ことはござりませぬ
(明治37年本, 巻3, 政刑)

즉 위의 用例들은 明治14年本의 해당 用例에서는 보이지 않던 ヨウダ가 明治37年에 改訂되어 가는 과정에서 새롭게 등장한 것들로 連体形「ような」, 連用形「ように」와 함께「よう＋だ(です)」의 形態가 多用되고 있음을 알 수 있다. 또한 明治37年本에서는 明治14年本에서는 使用되지 않았던 다음과 같은「みたようだ」의 使用 例가 등장하고 있어 주목을 끈다.

○ 狂　キノミダレタ痛ハ、タワイナイコトヲヒタスラ云ヒマス
(明治14年本, 巻2, 疾病)
◎ 狂　気ちがひは、ばけもの<u>見たやうでござります</u>
(明治37年本, 巻2, 疾病)

○ 蓋　キヌガサモハタボコノ如ク将帥ノ前ニタテルモノジヤ
(明治14年本, 巻3, 武備)
◎ 蓋　「蓋」もはたぼこ<u>みたやうに</u>大将の前に立てる
(明治37年本, 巻3, 武備)

○ 況　況ヤワレ如キノ人コソ人ラシウオモフカ

(明治14年本, 巻4, 言語)

◎ 況　ましておれ見たやうなものを人間のやうに思ふものか

(明治37年本, 巻4, 言語)

위에 보이는「みたようだ」의 実例에 있어서는 冷笑的이나 自嘲的인 표현 문맥 속에서 등장하기 쉽다는 傾向을 엿볼 수 있다. 결과적으로 明治37年本의 특징으로서는 ヨウダ의 多用,「みたいだ」의 不在와「みたようだ」의 등장과 같은 現象을 들 수 있는데, 이것은 夏目漱石의『三四郎』(1908)에서 보였던 様相과 일맥상통한 점이 있다.

2.2.3. 辞典의「みたいだ」

이 時期에는『言海』(1909, 明42年)의 記述 態度를 관찰의 대상으로 삼고자 한다. 이 時期의 대표적인 辞典으로는『言海』(初版, 1891)와『日本大辞書』(1893)가 존재하는데『日本大辞書』는『言海』를 바탕으로 표제어의 악센트 표시와 類義語에 관한 해설을 보완한 것으로 알려져 있다. 따라서 여기에서는『言海』쪽에 비중을 두어 관찰의 대상으로 삼고자 한 것이다.

2.2.3.1.『言海』(1909, 明42年)

初版은 1981年(明24年)刊, 여기에서는 같은 初版本 二百刷에 해당하는 1909年(明42年) 刊行本을 조사의 대상으로 한다. 著者는 日本 最初의 근대적인 国語学者로 알려진 大槻文彦이다.『和英語林集成』(初版, 1867)이 외국인이 만든 最初의 근대적인 日本語 辞典이라면『言海』

는 日本人의 손에 의해 제작된 最初의 근대적인 日本語 辭典이라고 할 수 있을 것이다. 또한 이 『言海』는 1909年(明42年)에 二百刷가 発行될 정도로 널리 유포되었으며 이 정도로 発行 部数가 많다는 것은 그 時代의 言語 生活을 반영하는 자료라고 代辨할 수 있을 것이다.

『言海』에 있어서도 「みたいだ」의 語項目은 보이지 않으며 ヨウダ와 관련된 記述로는 名詞로 취급하고 있는 「やう」가 보일 뿐이다.

> やう(名) 様 (一)アリサマ。形状。「故ノーニ」コノーナル」善キーニ思フ」見ヌーニスル」(二)様子。「ーコソアレ」アリーハ」(三)同ジ様。「三宮ノ、同ジ事、身ヲヤツシ給ヘル、云云、必ズやうノ物ト争ヒ給ハムモ、ウタテアルベシ」

이 같은 現象은 이 時期의 辞典에 보이는 전반적인 경향이라고 할 수 있을 것이다. 이는 明治 前期와 마찬가지로 明治 後期에 있어서도 「みたいだ」의 認識度는 매우 낮은 段階에 있었음을 보여주는 現象으로 이해할 수 있을 것이다.

2.2.4. 결과의 분석

「みたいだ」의 使用例가 등장하는 것은 明治 後期(1889-1912)이다. 따라서 실제 新生語가 형성되어 文献에 등장하기까지의 時間的인 経過를 고려한다면 「みたいだ」는 明治 前期(1868-1888)를 前後한 時点의 東京 地域에서 형성된 것으로 보는 것이 타당할 것으로 생각된다. 이 時期에 등장하는 「みたいだ」와 「みたようだ」의 사용에 있어서 文法的인 辨別性은 뚜렷하지 않으나 「みたようだ」가 地文 쪽에 많이 등장한다는 것은 그만큼 「みたいだ」의 口語性을 반증하는 현상이 아닐까 생각된다. 또한 이들 형식은 「みたような/みたいな」와 같은 連体形이나 「みたように/みたいに」와 같은 連用形으로만 사용되고 있으며, 意味・機能에 있어서도 「樣態」표현에 한정된다는 공통점을 보이고 있다. 또한 이들 형식은 年齡으로 볼 때 20대에서 老人에 이르기까지 폭넓은 使用層을 가지고 있고, 性別에 있어서는 젊은 여성들 사이에 「みたいだ」를 선호하는 경향이 엿보인다. 다만 이들 형식이 등장하는 文脈은 冷笑的인 뉘앙스를 가지는 「樣態」표현이 主流이며, 이들 형식의 初期 段階에 있어서는 社会言語的인 位相이 높지 않았던 표현 형식이었던 것으로 推定된다.

文学 作品 속에서의 「みたいだ」의 初出例가 明治 後期에 보이고 있는 점과 상충되는 現象은 아닐 것이다. 이 「みたようだ」는 특히 1905년에 간행된 『校訂交隣須知』에서 새롭게 등장한 用例가 사용되고 있는데, 이것은 1908년의 『三四郎』에서 보였던 樣相과 일맥상통하는 점이 있다고 할 것이다. 즉 明治 期에 있어서 「みたいだ」는 아직 学習書의 전면에 등장할 수 있을 정도로 시민권을 얻지 못했으며, 「みたいだ」의 機能은 「みたようだ」에 의해서 代替되고 있었던 것으로 생각된다. 그런 의미에서 明治 前期와 後期를 「みたいだ」의 形成期이자 潜伏期로 자리 매김할 수 있을 듯하다.

辞典은 言語 現実을 반영하는 데 있어서 学習書보다도 현격하게 辞典 記述의 保守性을 확인할 수 있었다.

2.3. 大正・昭和 前期(1913-1945)

2.3.1. 문학 작품의「みたいだ」

大正 데모크라시로 상징되는 大正 時代는 민주주의에 관한 논의가 활발히 진행되는 가운데 대중 문화가 발달한 시기이다. 근대화된 도시를 중심으로 대중 매체의 발달과 생활 양식에 획기적인 변화를 가져온 시기이기도 하다. 발행 부수가 100만부를 넘는 신문의 등장과 함께 잡지, 연극, 영화 등에서도 다양한 변화가 추구되었으며 이러한 현상은 문학에까지 영향을 미쳤다.

여기에서는 전통적인 日本語史의 時期 區分에 따라 大正(1913-1925)과 昭和 前期(1926-1945)를 하나의 言語 區間으로 보고 이 時期의 문학 작품 속에 보이는「みたようだ/みたいだ」의 使用 樣相을 調査・分析하고자 한다. 이 時期에는 明治 後期의 延長線上에서 같은 작품에「みたようだ」와「みたいだ」가 공존하는 현상을 보이나, 점차적으로「みたようだ」보다「みたいだ」의 세력이 확장되어 감을 알 수 있다.

大正・昭和 前期(1913-1945)에서의 분석 대상 작품은 다음과 같다.

〈표 12〉大正・昭和 前期(1913-1945)의 分析 対象 作品

작가	작품	연도
夏目漱石	こころ	大3(1914)
夏目漱石	道草	大4(1915)
夏目漱石	明暗	大5(1916)
谷崎潤一郎	痴人の愛	大13(1924)
徳永直	太陽のない街	昭4(1929)
横光利一	紋章	昭5(1930)

川端康成	雪国	昭10(1935)
横光利一	旅愁	昭12(1937)
高見順	如何なる星の下に	昭14(1939)
谷崎潤一郎	細雪	昭18(1943)

2.3.1.1. 『こころ』『道草』

『こころ』(1914, 大3年)와 『道草』(1915, 大4年)에서는 도합 4例의 「みたようだ」의 使用例를 確認할 수 있다. 그 중 대화문 속에 나타나는 것은 『道草』의 1例이고 『こころ』의 3例는 모두 地文에 사용된 것들이다.

3-01.「その賞与だつて、そつくり私の手に渡して呉れるんぢやないんだからね。だけど近頃ぢや私達二人はまあ隠居見たやうなもので、月々食料を彦さんの方へ遣つて賄つて貰つてるんだから、少しは楽にならなけりやならない訳さ」

(道草、姉→健三、大4年)

3-02.「私の眼は長い間、軍服を着た乃木大将と、それから官女みたやうな服装をしたその夫人の姿を忘れる事が出来なかつた。」

(こころ、地文、大3年)

3-03.「おれは物を愉まない巾着切みたやうなものだ、私は、こう考えて、自分が厭になる事さえあつたのです。」

(こころ、地文、大3年)

3-04.「こうなると何だか私よりも相手の方が男みたやうなので、私はそれぎり引き込もうとしました。」(こころ、地文、大3年)

3-01은 健三와 그의 누나의 대화 속에 使用된「みたようだ」이며 3-02, 03, 04는 모두 独白 形式의 地文의「みたようだ」이다. 특히 이들 用例 중 3-02나 3-04의 경우는 言語位相에 있어서 중립적인 표현이라

할 수 있을 것이다. 地文 속의 표현에 있어서는 「みたようだ」를 사용하는 夏目漱石의 경향은 여기에서도 확인된다고 할 것이다.

2.3.1.2. 『明暗』

夏目漱石의 末年에 발표된 『明暗』(1916, 大5年)에서는 『彼岸過迄』나 『行人』에서와 마찬가지로 「みたようだ」와 「みたいだ」가 共存하는 様相을 보인다. 그러나 前 作品들에 비하여 「みたいだ」의 使用例가 월등히 늘어 세력 확장을 하고 있음을 알 수 있다. 전체 26例의 「みたようだ/みたいだ」가운데 「みたいだ」가 18例를 차지하고, 1例의 津田의 독백 형식으로 使用된 「みたやうだ」의 用例가 있다.

3-05. 「是で君二十六円だから、随分安いものだらう。君見たいな贅沢やから見たら何うか知らないが、僕なんぞにや是で沢山だからね」
(明暗、小林→津田、大5年)

3-06. 「なに何うせ僕の云ふ事だから出鱈目さ。つまり奥さんは、岡本さん見たいな上流の家庭で育つたので、天下に僕のやうな愚劣な人間が存在してゐる事をまだ知らないんだ」
(明暗、小林→津田、大5年)

3-07. 「何を云ふんだ禅坊主の寝言見たいな事を。ぢや誰だい」
(明暗、小林→津田、大5年)

3-08. 「君見たいに無暗に上流社会の悪口をいふと、早速社会主義者と間違へられるぞ。少し用心しろ」
(明暗、津田→小林、大5年)

위의 4例는 주인공인 津田와 그의 친구인 小林의 대화 속에서 등장하는 것으로서, 話題의 인물에 대한 묘사에도 「みたいだ」를 사용하고 있음이 주목을 끈다.

> 3-09. 「由雄、御前見たやうな今の若いものには、一寸理解出來悪い
> かも知れないがね、叔母さんは嘘を吐いてるんぢやないよ」
> (明暗、叔父→津田、大5年)
> 3-10. 「さうしたら百合子が、そんならお姉様も由雄さん見たやうな
> 人の所へお嫁に行くと可いつて云つたんでね、それをお前の
> 前で云はれるのが恥づかしいもんだから、あゝやつて出て行
> つたんだよ」 (明暗、叔母→お延、大5年)

3-09와 10은 叔父와 叔母가 津田와 津田의 부인인 お延에게 말하는 장면으로, 여기에서는 年上者가 年下者에게 「みたようだ」를 사용하고 있다는 공통점이 나타난다. 이에 대해 젊은 お延는 叔父나 叔母에 대해 「みたいだ」를 사용하고 있다.

> 3-11. 「少しや断食でもした方が可いんでせう。叔父さんみたいに肥
> つて生きてるのは、誰だつて苦痛に違ないから」
> (明暗、お延→叔父、大5年)
> 3-12. 「だつて無理ですもの。そんな預言者見たいな事。ねえ叔母さ
> ん」 (明暗、お延→叔母、大5年)
> 3-13. 「でも継子さんは仕合せね。あたし見たいに心配性でないから」
> (明暗、お延→叔父、大5年)
> 3-14. 「あの上叔父さんに來られちや、あたし見たいに薄つぺらなもの
> は、圧されてへしやげちまふわ」(明暗、お延→継子、大5年)
> 3-15. 「よく気を付けてお呉れよ。昨夜見たいに寝てしまふと、不用
> 心だからね」 (明暗、お延→下女、大5年)

위의 5例는 젊은 여성인 お延의 發話이며, 여기에서는 상대방의 年齡이나 親疎 関係와 상관없이 「みたいだ」를 사용하고 있음이 주목된다. 앞에서도 언급한 바와 같이 叔父나 叔母는 「みたやうだ」를 사용하는 반면, お延는 叔父와 叔母에 대해서도 「みたいだ」를 사용하고 있는 것이다.

3-16. 「所があのお継と来たら……引き立てようとすれば、却つて引き下がる丈で．丸で紙袋を被つた猫見たいだね」
(明暗、叔父→お延、大5年)

3-17. 「大方由雄さん見たいな方なんでせう。お姉さまは由雄さんが大好きなんだから。何でも延子さんの云ふ通りになつて、大変好い人だつて、さう云つてよ」
(明暗、百合子→お延、大5年)

3-18. 「「一さんは犬見たいよ」と百合子がわざわざ知らせに來た時、お延は此小さい従姉から、彼がぱくりと口を開いて上から鼻の先へ出された餅菓子に食ひ付いたといふ話を聞いたのであつた。」
(明暗、百合子ーお延、大5年)

3-16, 17, 18은 お延에 비하여 年下인 継子와 百合子가 お延에 대해 「みたいだ」를 사용하고 있는 장면이다. 여기에서도 젊은 여성에게 있어서 年齡이나 親疎 関係와 상관없이 「みたいだ」를 사용하고 있음을 확인할 수 있다.

3-19. 「喋舌つて潰すのも、黙つて潰すのも、何うせ僕見たいな穀潰しにや、同なし時間なんだから、ちつとも御遠慮にや及びません」
(明暗、小林→お延、大5年)

3-20. 「好いわつて、そんな子供見たいな呑気な事を云つちや困るよ」

(明暗、津田→お延、大5年)

　3-19는 남편의 친구인 小林와 お延와의 대화 장면으로 小林가 자신을 낮추어서「みたいだ」를 사용한다고도 볼 수 있지만, 이미 小林와 津田의 대화 장면에서도「みたいだ」를 사용하고 있다. 3-20은 津田도 아내인 お延에게「みたいだ」를 사용하고 있다.

　3-21.「えゝまあ笑談見たいなものです。ごくごく大袈裟に云つた所で、面白半分の悪戯よ。だから思い切つて遣ると仰しやい」
　　　　　　　　　　　　　　　　(明暗、吉川夫人→津田、大5年)
　3-22.「ことに此方徒等見たいな気の早いものにはお誂向だあね」
　　　　　　　　　　　　　　　　(明暗、老人→津田、大5年)
　3-23.「天眼通ぢやない、天鼻通と云つて万事鼻で嗅ぎ分けるんだ」
　　　「丸で犬見たいですね」　　　(明暗、女中→津田、大5年)

　3-21은 年上인 吉川夫人이 津田에게, 3-22는 열차에서 만난 60대의 남자가 津田에게, 3-23은 下女가 津田에게 각각 얘기하는 장면이다. 이 가운데 3-22의 노인이 사용하고 있는「みたいだ」는 1인칭의「様態」표현과「みたいだ」의 결합도가 강한 様相을 보여주는 用例로 해석할 수 있을 것이다. 그리고 3-21과 23은 3-16, 17, 18의 用例와 같이 젊은 女性들 사이에「みたいだ」가 폭넓게 침투되었음을 보여주는 現象으로 해석할 수 있을 것이다.

　한편,『明暗』에서는 地文에 사용된 다음과 같은「みたようだ/みたいだ」의 使用例를 확인할 수 있다.

3-24. 「おれは今この夢見たやうなものゝ続きを辿らうとしてゐる。」
(明暗、地文、大5年)
3-25. 「小林はホームスパン見た様なざらざらした地合の背広を着てゐた。」
(明暗、地文、大5年)
3-26. 「斯ういふや否や、彼は津田の返事も持たずに、向ふにゐる牛乳配達見たやうな若ものに声を掛けた。」
(明暗、地文、大5年)
3-27. 「すると看護婦が手術の器械を入れたニツケル製の四角な浅い盆みたやうなものを持つて彼の横を通つたので、白い金属製の光がちらちらと動いた。」　(明暗、地文、大5年)
3-28. 「自分に許された小天地のうちでは飽く迄放恣な癖に、其所から一歩踏み出すと、急に謹慎の模型見たやうに竦んでしまふ彼女は、丸で父母の監督によつて仕切られた家庭といふ籠の中で、さも愉快らしく囀る小鳥のやうなもので……」
(明暗、地文、大5年)
3-29. 「お延は微笑しながら所謂犬見たいな男の子の談話に耳を傾けた。」　(明暗、地文、大5年)
3-30. 「彼は籠の中鳥見たやうに彼女を取扱ふのが気の毒になつた。」
(明暗、地文、大5年)

3-24는 独白 形式의 地文에 등장하는 用例이며 나머지는 典型的인 地文이다. 앞에서도 살펴본 바와 같이 夏目漱石의 地文에는 거의 대부분 「みたようだ」를 사용하는 傾向을 확인할 수 있었는데, 『明暗』에 이르러서는 3-29과 같이 地文에 있어서도 「みたいだ」의 使用例가 보인다는 것은 特記할 만한 現象이다. 이것은 이 時期에 이르러 「みたいだ」가 「みたようだ」의 영역을 통합하고 있음을 보여주는 실례로 볼 수 있을 것이다. 『明暗』에서 보이는 「みたようだ/みたいだ」의 사용자와 사용 빈도를

표로 정리해 보면 다음과 같다.

〈표 13〉『明暗』의 사용자별「みたようだ/みたいだ」

청자＼화자	小林	叔父	津田	叔母	お延	継子	百合子	おじいさん	女中
津田	B(3)							B(1)	B(1)
小林		A(1)	B(1)						
お延	B(1)		B(1)	A(1)		B(1)	B(2)		
継子					B(1)				
女中					B(1)				
叔父					B(2)				
叔母					B(1)				
吉川夫人			B(1)					B(1)	
津田독백			A(1)						

(A:「みたようだ」 B:「みたいだ」)

위의 표에서 알 수 있듯이 『明暗』에서는 압도적으로 많은 젊은 여성들이 「みたいだ」를 사용하고 있다는 점은 지적하지 않을 수 없다.

아울러 지금까지 살펴보았던 夏目漱石의 작품에 나타나는 「みたようだ/みたいだ」의 用例 조사를 통하여 先行 硏究에서 소개되었던 宮地幸一(1968年)의 図表[23]를 訂正해 두고자 한다.

宮地幸一(1968年)의「みたようだ/みたいだ」用例 조사에서 누락된 부분을 다음 도표에서 하선 처리를 하여 本硏究에서의 調査와 차이가 나는 부분을 표로 제시하면 다음과 같다.

---

23) p.4 圖表 參照

〈표 14〉 夏目漱石 작품의「みたようだ/みたいだ」

みたいな	みたい	みたいです	みたいだ	みたいに	みたやうな	みたやう	みたやうだ	みたやうで	みたやうに	語 / 作品	
					5				2	三四郎	(明治41・9)
					3				1	それから	(明治42・6)
1			3		6	1			2	彼岸過迄	(明治45・1)
4	1		1	4	7			1	4	行人	(大正元・12)
					3					こころ	(大正3・4)
					1					道草	(大正4・6)
10	1	1	1	5	6				2	明暗	(大正5・5)

2.3.1.3. 『痴人の愛』

谷崎潤一郞[24])의『痴人の愛』(1924, 大13年)에서는 5例의「みたいだ」와 1例의「みたようだ」가 확인된다.「みたいだ」의 使用 比率이 높아졌음을 알 수 있으나, 여전히 이 時期에도「みたようだ」가 함께 쓰이고 있음이 주목된다.

> 3-31.「似てゐるかどうか分らないけれど、でもみんなが私のことを<u>混血児みたいだ</u>つてさう云ふわよ」
> (痴人の愛、ナオミ→讓治、大13年)
>
> 3-32.「えゝ、さうよ、まるで<u>淫売みたいだ</u>けれど、……」
> (痴人の愛、ナオミ→讓治、大13年)
>
> 3-33.「人の手紙を内証で読んだり、<u>探偵みたいに</u>跡をつけたり、

---

24) 1886年(明19年), 東京出生. 東京帝國大學에 入學 후 明治末年에 文壇 데뷔. 1965年 79歲로生을 마감함.

……あたしちやんと知つてゐるのよ」
(痴人の愛、ナオミ→譲治、大13年)
3-34.「僕とお前は此れから先も友達みたいに暮らさうぢやないか、いつまで立つても。」　(痴人の愛、譲治→ナオミ、大13年)
3-35.「いゝえ、あの方が猿みたいな感じがするでしよ、だからあたし、わざと猿々ツて云つてやつたんですよ」
(痴人の愛、ナオミ→綺羅子、大13年)

위에 보이는「みたいだ」의 用例들은 주로 여주인공인 ナオミ와 남편인 譲治 사이에 오고간 대화 속에 使用된 것들이라 할 수 있다. 3-34를 제외하면 모두 ナオミ의 発話에서 나타난 것으로 여기에서도 젊은 여성층에「みたいだ」가 폭넓게 쓰이고 있음을 알 수 있다.

한편, 1例의「みたようだ」는 다음과 같은 独白 形式의「様態」표현으로 쓰인 것이다.

3-36.「まるで此奴は犬みたやうにさもしい男だ。仕方がないから我慢してやつてゐるんだけれど」　(痴人の愛、独白、大13年)

2.3.1.4.『太陽のない町』

徳永直[25]의『太陽のない町』[26](1929, 昭4年)는 1926년을 배경으로 한 작품으로 印刷 공장에서 일하는 서민층의 일상 생활에서 나타나는 언어 현상이 많이 반영된 작품이라 할 수 있다. 特記할 만한 것은「みたよう

---

25) 1899年(明32年), 熊本縣 出生. 大正末期에서 昭和初期에 걸쳐 活動한 프로레타리아 文學派. 1958年(昭33年)사망.
26) 작가 자신이 組合員으로 参加한 共同印刷大 스트라이크의 전체의 과정을 소설적인 설정으로 묘사한 작품.

だ」의 使用 例가 보이지 않고,「みたいだ」만을 사용하고 있다는 점이다.

    3-37.「ええいいともサ、あんたがさっき云った古いハンケチのように、無雑作に捨てた方が、「永遠の処女」でございとか何とか云ってさ、腐った鑵詰みたいに持ち古したのよりか、臭気がなくて、よっぽどサバサバしてるわ」
                                     (太陽のない街、高枝→大宅、昭4年)
    3-38.「あんたこそ女だてらに男みたいな手荒なことをするなんて、それで婦人部の役員ですか」
                                       (太陽のない街、大宅→高枝、昭4年)
    3-39.「おからを食った、牛みたいに会社の守衛どもに、モーと吠えてやるか……」(太陽のない街、喜イ公の女房→一同、昭4年)
    3-40.「やだい、お前みたいなお尻の太っかいの負んぶしたら、決勝点まで行かんうち潰れちゃわあ」
                                           (太陽のない街、男→女、昭4年)
    3-41.「妾も、この婆みたいな往生はしたくねえと思うんだけど」
                                     (太陽のない街、売春婦→高枝、昭4年)

  3-37과 38은 20대 女工인 高枝와 같은 会社에서 일하는 20대의 婦人部長인 大宅와의 대화 장면으로 서민층 젊은 여성들의 말투이다. 3-39는 20대 전반의 喜イ公의 아내가 같이 일하는 동료들에게 発話하는 장면이다. 3-40은 젊은 남자가 비슷한 연령대의 여자에게 말하는 장면이고, 3-41은 30대의 매춘부가 留置場에서 高枝와 대화하는 장면이다. 『太陽のない町』(昭和4, 1929)에서 전부 17例 중에서 위의 5例가 対話文이고, 젊은 여성들이 주로「みたいだ」를 즐겨 사용하며 성별에서 사용상의 차이는 보이지 않는다. 『明暗』(大5, 1916)에서 地文에「みたいだ」가 1例

가 사용된 이후, 『太陽のない町』(昭和4, 1929)에서는 다음과 같이 12例를 확인할 수 있다. 특히 地文의 모든 用例가 「体言 + みたいだ」의 形式을 취하고 있다.

3-42. 「しかし、共働社の内部は、夜逃げした株屋の家みたいにガランとしていた。」　　　　　(太陽のない街、地文、昭4年)

3-43. 「米倉庫も、薪炭置場も鼠の出入口までが、すっかり剥き出しになって、そこから冷たい風が破損した水道栓みたいに、シュッシュッと音をたてて吹き込んでいた。」
(太陽のない街、地文、昭4年)

3-44. 「皆は銅像みたいに突っ立っている広岡のまわりに取り付くように、押して行った。」　　(太陽のない街、地文、昭4年)

3-45. 「お加代の留守を、家の病父と、萩村と二人の病人を介抱して、高枝の頭脳も、水薬の空瓶みたいになっていた。」
(太陽のない街、地文、昭4年)

3-46. 「大福餅みたいな頬ぺたをしている女が徳利のような足で、地団駄踏みながら、傍の男に強請んだ。」
(太陽のない街、地文、昭4年)

3-47. 「痩せた土筆んぼみたいな勞働服が、肥っちょの女を背負って、息を切らしてるのもあった。」
(太陽のない街、地文、昭4年)

3-48. 「赤い旗が、サッと振られて、歩きたての赤ン坊みたいな危なっかしさで、彼らは駈け出した。」
(太陽のない街、地文、昭4年)

3-49. 「大顧客の国尾氏の意を得ることに凹版印刷社長は努めたが、しかし、バスケットボールのような顔は、徳利みたいな掌で、雅びた古青銅の火鉢に、銀の火箸を突っ立てたまま、悠

揚迫らざる態度を失わなかった。」

(太陽のない街、地文、昭4年)
- 3-50.「四畳半に、餉台みたいな机を一つ置いたきりの応接室で、しきりとバットを喫った。」　(太陽のない街、地文、昭4年)
- 3-51.「狭い板土間へ、新聞配達みたいな看板を着たのや、学生みたいなのが、萩村をグルリと、押ッ取りまいた。」

(太陽のない街、地文、昭4年)

즉, 『太陽のない町』에서는 「みたいだ」가 많이 使用되고 있지만 「推量」의 「みたいだ」는 확인되지 않으며, 거의 모든 例가 「樣態」를 나타내는 것이라는 점이 注目된다.

2.3.1.5. 『紋章』

1930年 前後를 시대 배경으로 한 橫光利一[27]의 『紋章』(1930, 昭5年)는 전체 11例가 확인되며, 이들은 모두 對話文에서 나타나고 있다. 또한 여기에서는 「みたようだ」는 쓰이지 않고 「みたいだ」만을 사용하고 있으며, 특히 對話文에서 「動詞 + みたいだ」의 형식을 확인할 수 있다는 점에서 주목된다.

- 3-52.「雁金さんは爆裂弾みたいな方ですのね。あれから家の中が、すつかり変つちやひましたわ。」(紋章、敦子→雁金、昭5年)
- 3-53.「とにかく、あたしみたいな分らないもんにでも、蜂の巣突ついたみたいになつてゐることだけは、分りましたわ。」

(紋章、敦子→雁金、昭5年)

---

[27] 1898年(明31年), 福島縣 出生. 新感覺派로 『文藝時代』로 활동시작. 1947年(昭22年)에 生을 마감.

3-54. 「それに自分の父親があなたのために、今のやうになつたんだと思ふと、その父親に寄宿してゐるみたいな恰好の自分が落ち込んでしまつたことなんか、当然のことだと思つて、あきらめてしまつたんぢやないかと思ふの。」

(紋章、敦子→雁金、昭5年)

3-55. 「畳が汚いですから、敦子さんの着物汚れますよ。誰かこんな所をみたらびつくりするでせうね。鶴が降りたみたいだから。」　　　　　　　　　　(紋章、雁金→敦子、昭5年)

3-56. 「先日久内さんが、私と初子さんともう一度結婚しないかと仰言るので、私はしても良いと思つてゐますと云つたんですが、私も今みたいな目に乗るとはそのとき思つちやゐませんでしたからね。これぢや、また今度も駄目ですよ。」

(紋章、雁金→敦子、昭5年)

　3-52, 53, 54는 20대의 敦子가 옛 약혼자인 雁金와의 대화 장면에서 사용된「みたいだ」의 用例이다. 이들은 비교적 젊은 여성들이「みたいだ」를 즐겨 사용해온 이제까지의 경향을 다시 한 번 확인할 수 있는 用例라 할 수 있을 것이다. 특히 이들 用例가 주목되는 것은「動詞 + みたいだ」를 사용하고 있다는 점이다. 이 같은 현상은 3-54, 55의 雁金가 敦子에 대한 発話 장면에서도 확인할 수 있는데, 이것은 이 時期에「みたいだ」의 意味・機能이「様態」에서「推量」으로 세력이 확장되어 갈 수 있는 가능성을 보여주는 현상이라 할 수 있을 것이다. 그 외의 用例는「体言 + みたいだ」形式을 취하는 것들로, 종래의「様態」표현의 틀에서 크게 벗어나지는 않는다.

3-57. 「「弘法大師みたいですね。」久内はさう云つた後で、ふと皮肉

のやうに響き返つて來た自分の言葉に急に無意味に笑い出した。」　　　　　　　　　　　(紋章、山下→雁金、昭5年)
3-58.「そいつを君みたいに疑つてしまへば、疑ふことそのことからして、何をもつて疑ふのか分らなくなるぢやないか。」
　　　　　　　　　　　　　　　　(紋章、善作→山下、昭5年)
3-59.「こんな窮屈なところは，僕みたいな気早やなものには堪まりませんね。」　　　　　　　　(紋章、早坂→雁金、昭5年)

2.3.1.6. 『雪国』

川端康成[28])의『雪国』(1935, 昭10年)[29])에서는 14例의「みたいだ」가 확인된다. 또한『雪国』의 주목될 만한 특징은「みたようだ」의 使用例가 보이지 않는다는 점이다. 더욱이 여기에서는「動詞+みたいだ」의 形式이 나타나 이제까지의 樣態的인 意味・機能에서 推量的인 意味・機能으로 意味 領域이 확대될 段階에 있음을 알 수 있다.『雪国』에서의「みたいだ」는 전체 14例 가운데 8例가 対話文이고 6例가 地文이다.

3-60.「まるで母親みたいで、僕は感心して見てたんだ。」
　　　　　　　　　　　　　　　　(雪国、島村→駒子、昭10年)
3-61.「謎みたいなことばかり言つてる。」
　　　　　　　　　　　　　　　　(雪国、島村→駒子、昭10年)
3-62.「狐のお嫁入りみたいだね。」　(雪国、島村→駒子、昭10年)
3-63.「火みたいぢやないか、馬鹿だね。」
　　　　　　　　　　　　　　　　(雪国、島村→駒子、昭10年)
3-64.「いやらしい、そんな新派芝居みたいなこと。いひなづけは嘘

---

28) 1899年(明32年) 大阪市 出生. 1972年 自殺로 生을 마감함.
29)『雪國』은『文芸春秋』1935年(昭10年) 1月号에 發表되었다.

よ。」　　　　　　　　　　　（雪国、駒子→島村、昭10年）
3-65.「……体が雪のなかへすぽつと沈んでしまつて見えなくなるの。
　　　さうして水泳みたいに、雪の底を泳ぎ歩くんですつて。」
　　　　　　　　　　　　　　　（雪国、駒子→島村、昭10年）
3-66.「……あんたみたいに贅沢な気持で生きてる人と違ふわ。」
　　　　　　　　　　　　　　　（雪国、駒子→島村、昭10年）
3-67.「あんたみたいな人の手にかかつたら、あの子は気ちがひになら
　　　ずにすむかもしれないわ。」　　（雪国、駒子→島村、昭10年）

　위의 用例들은 모두 남주인공 島村와 駒子의 대화 속에 등장하는 「みたいだ」이다. 3-60, 61, 62, 63는 島村, 3-64, 65, 66, 67는 駒子의 發話로, 말하자면 젊은 남녀가 사용하는 中立的인 意味의 「みたいだ」라고 할 수 있다. 특히 이들 用例 중 「あんたみたい」와 같은 表現은 類型化되어 가는 傾向을 보이고 있다고 할 수 있을 듯하다.
　한편, 『雪国』에서는 다음과 같이 地文에서 使用되고 있는 「みたいだ」의 用例를 적지 않게 확인할 수 있다. 이것은 地文에서는 거의 「みたようだ」를 사용했던 夏目漱石의 작품과는 대조적인 現象이다.

3-68.「しばらく気が抜けたみたいに静かだつたが、ふと思ひ出して突
　　　きさすやうに、」　　　　　　　　　（雪国、地文、昭10年）
3-69.「「ああつ、駒ちやん、行男さんが、駒ちやん。」と、葉子は息
　　　切れしながら、ちやうど恐ろしいものを逃れた子供が母親に
　　　縋りつくみたいに、駒子の肩を掴んで、」
　　　　　　　　　　　　　　　　　　　　（雪国、地文、昭10年）
3-70.「前髪が細かく生えつまつてゐるといふのではないけれども、毛
　　　筋が男みたいに太くて、後れ毛一つなく、なにか黒い鉱物の

重つたいやうな光だつた。」　　　　　(雪国、地文、昭10年)
3-71. 「両の握り拳で島村の襟を子供みたいに掴んだ。」
(雪国、地文、昭10年)
3-72. 「白粉はなく、都会の水商売で透き通つたところへ、山の色が染めたとでもいふ、百合か玉葱みたいな球根を剥いた新しさの皮膚は、首までほんのり血の色が上つてゐて、……」
(雪国、地文、昭10年)
3-73. 「「早くね、早くね。」と、言ふなり後向いて走り出したのは嘘みたいにあつけなかつたが、遠ざかる後姿を見送つてゐると、なぜまたあの娘はいつもああ真剣な様子なのだらうと、……」
(雪国、地文、昭10年)

위의 6例는 『雪国』의 地文에 등장하는 「みたいだ」의 用例인데, 두 가지 점에서 중요한 示唆点을 제공하고 있다고 생각된다. 먼저 前 時期에 있어서 현저하게 地文에 사용되던 「みたようだ」가 보이지 않고 「みたいだ」로 통일되어 있다는 점이나. 둘째로 이제까지의 「体言 + みたいだ」의 形式만이 등장하던 것이 이 時期에 이르러 3-68, 69과 같이 「用言(動詞) + みたいだ」의 形式이 나타나고 있다는 점이다. 또한 위 対話文에서 살펴본 3-63과 같은 用例는 이제까지의 連体形이나 連用形으로서의 「みたいだ」가 아닌 終止形에 「火みたいじゃないか」와 같이 否定疑問形으로 사용되는 점에서 주목을 끈다. 이와 같은 現象은 「様態」의 「みたいだ」가 一般化된 후, 「推量」의 「みたいだ」가 새롭게 등장하는 過渡期的인 様相을 보여주고 있어 흥미롭다고 할 수 있을 것이다. 따라서 『雪国』의 執筆 時期인 1935年 前後의 시점은 「みたいだ」의 質的 変化를 가져온 分岐点으로서의 意味를 부여할 수 있을 것으로 생각된다.

2.3.1.7. 『旅愁』

横光利一의『旅愁』(1937, 昭12年)에서는 73例의「みたいだ」가 나타나고 있어 注目되고, 1例「みたようだ」用例가 残存하고 있다.「みたいだ」의 72例가 対話文이고 1例가 地文으로 사용되고 있다.『旅愁』가 장편이라는 점도 있지만「みたいだ」의 使用 頻度가 크게 늘어난 것은 주목할 만한 현상이라 할 수 있을 것이다.

> 3-74.「歴史に現れてゐる人物の名だけでも留学生は百五十一人もあるんだから、この他に三倍はあつたにちがひないとして、それなら今のパリへ來る<u>みたいに</u>随分これで堕落して帰ったのもゐるんだよ。」　　　　(旅愁、矢代→久慈、昭12年)
>
> 3-75.「あのマラツカ海峡といふの地上の魔宮だよ。あそこの味だけは阿片<u>みたいで</u>、思ひ出しても頭がぼつとして來るね。」
> 　　　　　　　　　　　　　　　　(旅愁、矢代→久慈、昭12年)
>
> 3-76.「すぐ流行して次のが出て來る。自動車の形が、毎年変る<u>みたいなものだ</u>。」　　　　(旅愁、久慈→矢代、昭12年)
>
> 3-77.「マルセ－ユへ上つた途端に眼が醒めた<u>みたいで</u>、どうして自分があんなに千鶴子さんの後ばかり追い廻したのか分らないんだ。」　　　　(旅愁、久慈→矢代、昭12年)
>
> 3-78.「論争のない世界といふ奴は面白くないものだな。仕事がなくなつた<u>みたいで</u>、いやに仲ばかり良くなるのは、これや、神さま何か間違つてるぞ。」　(旅愁、久慈→矢代、昭12年)

위에 제시한 5例는 20대의 주인공 矢代와 久慈 사이의 대화 장면에서 나타나는「みたいだ」인데 3-75를 제외하면 모두「動詞 + みたいだ」의 用例이다. 특히 3-78의 경우는 본격적인「推量」을 나타내는「みたいだ」

로 해석할 수 있어 주목된다.

3-79. 「何んだかしら、あたしもそのせゐか、ときどきふらふらつと、眩暈するみたいに行きたくなることがあるの。」
(旅愁、千鶴子→矢代、昭12年)

3-80. 「あなたの仰言り方があんまり突然で、何んだかあたし、踏絵を命ぜられたみたいに思へたんですもの。」
(旅愁、千鶴子→矢代、昭12年)

3-81. 「このごろあたしぼんやりしてるだけなの、何んだかしら、気が遠くなつたみたいよ。あたしも塩野さんみたいになるんぢやないかしら。」
(旅愁、千鶴子→矢代、昭12年)

3-82. 「僕だけが沈没したみたいで、これや残念だな。」
(旅愁、矢代→千鶴子、昭12年)

3-83. 「ね、君、ちよつとお爺いさんお婆アさんになつたみたいで、いいな。」
(旅愁、矢代→千鶴子、昭12年)

3-84. 「しかしね、そこはどういふものか、眼が醒めたみたいで、こりや、眠つてゐたときとは違ふんだと気がついたといふわけですよ。それだけのことさ。」
(旅愁、矢代→千鶴子、昭12年)

3-85. 「無事は無事ですが、夢を見てるみたいだ。僕は今來る途中で、とてつもない山を見ましてね。」
(旅愁、矢代→千鶴子、昭12年)

위의 用例는 20대의 千鶴子와 연인 관계인 矢代와의 대화 장면으로 남녀 모두 「動詞 + みたいだ」를 多用하고 있다. 『紋章』(1930)과 『雪国』(1935)에서 부분적으로 보이던 「動詞 + みたいだ」形式이 『旅愁』(1937)에 이르러 극히 一般化되었음을 보여주는 用例들로서 주목된다.

3-86.「「何だ。朝帰りが戸袋蹴つてるみたいな声出すな。」と云つて笑つた。」
　　　　　　　　　　　　　　　　　(旅愁、東野→久慈、昭12年)
3-87.「さうですね、日本にゐれば僕らはどんなことを考へてゐようと、まア土から生えた根のある樹ですが、ここへ來てれば、僕らは根の土を水で洗はれてしまつたみたいですからね。」
　　　　　　　　　　　　　　　　　(旅愁、東野→久慈、昭12年)
3-88.「下のお堂から、弥撒のパイプオルガンが静かに響いて來るし、聖歌を枕にしてるみたいで、うつとりいい気持ちに眠くなるし、セーヌ河が真下で木の芽を吹いてゐるしね。」
　　　　　　　　　　　　　　　　　(旅愁、塩野→久慈、昭12年)
3-89.「どうも一人に帰り支度をされると淋しいね。脱けかかつた歯を動かしてるみたいで、落ちつかないや。」
　　　　　　　　　　　　　　　　　(旅愁、久慈→真紀子、昭12年)
3-90.「頭の中の心臓が急に停つたみたいな風になつて、中が空になるんだ。」　　　　　　　　　　(旅愁、久慈→真紀子、昭12年)
3-91.「「手術の立会ひに立たされたみたいで、疲れたよ。」とにこにこして彼もコップを矢代に合せた。」
　　　　　　　　　　　　　　　　　(旅愁、佐佐→矢代、昭12年)
3-92.「何んだか、僕ひとり落第したみたいで、さみしいね。」
　　　　　　　　　　　　　　　　　(旅愁、矢代→一同、昭12年)

　3-86, 87은 50대 東野가 20대의 久慈에게 사용한「みたいだ」이며, 3-88, 89, 90, 91, 92는 모두 20대의 청년이 사용하고 있는 用例이다. 특히 3-88과 92는 앞에서 살펴본 3-78과 같이 본격적인「推量」을 나타내는「みたいだ」의 用例로서 주목을 끈다.

3-93.「東野さんに会った日は、土俵から抛り出されたみたいになつ

て、二三日僕らは眠れなくなるんですよ。」

(旅愁、久木→矢代、昭12年)

3-94.「まア港を船で行くそれみたいなものかな。平面といふ一次元の世界では、人間の考へ得られる数のすべてと、直線上の点のすべては一対一の対応が出來る、相等しい個数を持つてゐるといふ、そこのところが、いはば集合の口みたいなものですよ。」　　　　　　(旅愁、久木→由吉、昭12年)

3-95.「さて、これからいよいよヨーロツパの国際列車に乗り込むところであるから、スタートに並ばせられた選手みたいに、それぞれ切符を渡されても誰も黙つて眼を光らせたまま案内人の後からついていくだけだつた。」　　(旅愁、地文、昭12年)

3-93, 94는 70대인 久木男爵의 発話로「動詞 + みたいだ」와「体言 + みたいだ」를 사용한 用例이다.『旅愁』(1937)에서는「動詞 + みたいだ」의 使用 頻度가 크게 증가함과 동시에 性別, 年齢을 불문하고 폭넓게 사용되고 있다고 말할 수 있을 것이다. 즉, 이 時期는「みたいだ」가 크게 세력을 확장해 나감과 동시에 본격적인「推量」의 意味로서「動詞 + みたいだ」가 사용되기 시작한 때로 기록될 수 있을 것이다.

2.3.1.8.『如何なる星の下に』

高見 順30)의『如何なる星の下に』(1939, 昭14年)에서는 対話文과 地文 모두에서「動詞 + みたいだ」의 用例를 손쉽게 발견할 수 있다. 하지만 전체 56例 중에서 3例가「みたようだ」의 用例로서 1930年代 末까지 일상 会話에서「みたようだ」가 残存하고 있었음을 확인할 수 있다.

---

30) 1907年(明40年), 福井縣 出生. 1965年(昭40年) 死亡.

3-95.「……そう言う自分が、からきし逞しくなんか無いんだから、こいつは全く喜劇だが、――(と、どす黒い唇を毒毒しく歪め)まあ、お題目みたようなもんですな」
　　　　　　　　　　　(如何なる星の下に、朝野→私、昭14年)
3-96.「鰯、そうね、そう言えば、あたしたち踊り子なんて鰯みたようなもんね」
　　　　　　　　　　　(如何なる星の下に、サーちゃん→朝野、昭14年)
3-97.「いやこの漫才以上に借りもの七分、オリジナルの部分は僅かに三分といったような仕事が堂々と独創的な顔で通っているようである。――みんな、漫才みたようなもんさ。」
　　　　　　　　　　　(如何なる星の下に、地文、昭14年)

3-95는 30대의 朝野와 본명은 倉橋이지만 소설에서는 1인칭인 나(私)로 등장하는 주인공의 대화 장면에 나오는「みたようだ」의 用例이다. 3-96과 97은 각각 10대 후반인 サーちゃん의 会話文과 주인공인 나(私)의 日記에서 사용된 독백 형식의 地文에 등장한「みたようだ」의 用例이다. 이들 3例의「みたようだ」는 모두 自嘲的인 意味를 지닌 문맥에서 사용되고 있다는 공통점이 있다. 특히 같은 サーちゃん의 発話라고 해도 다음과 같은 용례에서는「みたいだ」를 사용하고 있음을 확인할 수 있다.

3-98.「いやだわ。そんな芸者の真似みたいなことをするの。」
　　　　　　　　　　　(如何なる星の下に、サーちゃん→朝野、昭14年)

이와 같이『如何なる星の下に』에서는 話者와 聽者가 동일한 인물임에도 불구하고 각각「みたようだ」와「みたいだ」를 사용하고 있는 현상을 볼 수 있다. 두 形式의 사용 기준에 대해서는 보다 면밀한 검토가 요구된다고 하겠으나, 1930年代 末까지는 年齢에 구애받지 않고 自嘲的인 표현에 사용되는 「みたようだ」가 殘存하고 있었다는 점은 지적할 수 있을 듯하다. 또한 『如何なる星の下に』에서는 3-99와 같이 中止形「みたいで」와 終止形「みたいです」의 用例가 확인되며, 3-100과 같이 본격적인「推量」을 나타내는「みたいだ」가 등장하고 있어「みたいだ」의 흐름에 있어서는 『旅愁』와 歩調를 같이하고 있다고 말할 수 있을 듯하다.

    3-99.「実際、新派悲劇みたいで、うそみたいですが、――しかし浅草には新派悲劇みたいなのがゴロゴロしています」
                                    （如何なる星の下に、ドサ貫→私、昭14年）
    3-100.「だがすぐヘナヘナと崩れた巫山戯た調子で「なんだか脅迫されてるみたいだね」」
                                      （如何なる星の下に、私→ドサ貫、昭14年）

이 외에도 3-101, 102, 103, 104의 地文에 있어서「動詞 + みたいだ」의 形式이 多用되고 있는데, 대부분의 사용례는 連用形「みたいに」와 連体形「みたいな」가 주류를 이루고 있다.

    3-101.「「転手古舞いだわ」と、怒ったみたいに言った。」
                                        （如何なる星の下に、地文、昭14年）
    3-102.「そう言うと、まるで容器にあたるみたいに、ガチャリと乱暴にそれを置いた。」   （如何なる星の下に、地文、昭14年）
    3-103.「そう言うと彼女は急に酒が回ったみたいに、頓に饒舌に成って、彼女が舞台をやめた理由を話し出した。」
                                        （如何なる星の下に、地文、昭14年）
    3-104.「吃驚するような大きな声で、はき出すみたいに言うと、ぷい

と顔をそむけた。」　　　（如何なる星の下に、地文、昭14年）

2.3.1.9. 『細雪』

1943年(昭18年)에 쓰이기 시작한 谷崎潤一郎의 『細雪』에서는 「みたようだ」의 用例는 보이지 않고, 도합 30例의 對話文에서 사용된 「みたいだ」가 확인된다.

 3-105.「あの人のとこだけはよう行かんさかい、えらい我が侭云ふ<u>み</u>
　　　　<u>たい</u>やけど、どうぞこれだけは断つてくれるように、こいさ
　　　　んから中姉ちやんに云うてほしい云うて、頼まれてゝんわ、
　　　　――」　　　　　　　　　（細雪、雪子→妙子、昭18年）
 3-106.「今日はあたし、あんまり動いたせゐか、芯が疲れ過ぎてる<u>み</u>
　　　　<u>たいで</u>、睡いことないねん」　（細雪、雪子→妙子、昭18年）
 3-107.「兄さん、うち、そんなに食べてえしませんねんで。口紅に触
　　　　らんやうに少しづゝ何遍も持つて行くよつてに、たんと食べ
　　　　てる<u>みたいに</u>見えますねん」　（細雪、妙子→板倉、昭18年）
 3-108.「お金の話、こいさんの考へてることゝ本家の云ふことゝ、多
　　　　少喰い違うてる<u>みたいやないか</u>」
　　　　　　　　　　　　　　　　　（細雪、貞之助→幸子、昭18年）
 3-109.「僕はちよつと気イ付かなんだ。……けど、そない云はれる
　　　　と、氷の前から、えらい馬が合うてる<u>みたいな</u>所があつた
　　　　な」　　　　　　　　　　　（細雪、貞之助→幸子、昭18年）
 3-110.「――なんぼしつかりしてる<u>みたいでも</u>、歳やさかいにな」
　　　　　　　　　　　　　　　　　（細雪、貞之助→幸子、昭18年）

위의 3-105, 106, 107은 모두 20대 여성이, 3-108, 109, 110은 모두

40대 남성이 사용하는「みたいだ」의 用例로 여기에서도 性別이나 年齡에 관계없이「みたいだ」가 많이 使用되고 있음을 확인할 수 있다. 이 가운데 3-108의「みたいやないか」의 경우는「みたいだ」에 否定疑問形인「や(じゃ)ないか」를 접속시켜 불확실한「推量」을 나타내고자 한 表現으로서『雪國』(3-63)에서 보였던「みたいだ」의 延長線上에서 주목할 수 있는 用例라 할 수 있을 것이다. 특히,『細雪』(1943)에서의「みたいだ」는 関西 方言 속에서 많이 使用되고 있음이 주목되는데, 이것은 이 時期에 있어서「みたいだ」가 전국적으로 一般化되었음을 의미하는 현상으로 해석할 수 있을 것이다.

지금까지 살펴본 大正・昭和 前期(1913-1945)에 있어서 助動詞「みたようだ/みたいだ」의 사용 양상을 종합해 보면 다음과 같이 정리할 수 있다.

〈표 15〉 大正・昭和 前期(1913-1945)의「みたようだ/みたいだ」

作品＼語	見たやうだ				みたいだ				やうだ							らしい	
	見たやうに	見たやうな	見たやうで	見たやうだ	みたいに	みたいな	みたいで	みたいだ	やうに	やうな	やうで	やうだ	やう	やうなら	やうだろう	らしい	らしく
こころ		(3)							164	113	27	8				74	40
道草		1							15	22	2	18	2			6	1
明暗	(2)	2(4)			5	9(1)		2	1	43	87	4	23	3	2	1	17	14
痴人の愛	1				2	1		2	26	4	1	16		1		2	3
太陽のない街					2(5)	3(7)			9	5		4				5	

紋章				3	6		2	17	62	2	17		4			21	
雪國				2(5)	3(1)	1	2	144	71	8	50					41	19
旅愁		1		23(1)	28	13	7	1	52	103		26	5	3		44	1
如何なる星の下に		2(1)		1(25)	3(19)	1(2)	2		1	13	2	3		1		24	
細雪					8	13	2		7	3	48	7	8	1	2	48	2
합계	1(2)	6(8)	0	0	46(36)	66(28)	17(2)	17	9	474	528	53	173	11	13	1	282	80

( )안은 地文의 用例 數

즉, 大正・昭和 前期(1913-1945)에서는「みたようだ」의 사용이 서서히 감소해 감과 동시에「みたいだ」의 사용이 증가해 가는 趨勢를 쉽게 확인할 수 있었다. 그만큼 이 時期에 있어서「みたいだ」의 변화는 매우 力動的이었음을 말할 수 있을 것이다. 그와 동시에 明治 後期까지만 해도 低俗한 표현에 냉소적인 뉘앙스를 가지고 사용되던「みたようだ/みたいだ」가 점점 中立的인 意味의 표현으로 전환되어 갔음을 확인할 수 있었다.

특히 주목을 끄는 것은 이 時期에는 年齡이나 親疎 関係와 상관없이 젊은 여성들이「みたいだ」를 多用하고 있다는 점이다. 夏目漱石의『明暗』(1916)에서 地文에 처음으로「体言 + みたいだ」의 登場 이후,『紋章』(1930)에서는 会話文의「用言(動詞) + みたいだ」의 形式이 登場한다. 또한 地文에서「用言(動詞) + みたいだ」의 形式이 등장하는『雪国』(1935)의 時期는「みたいだ」의 質的 変化가 시작된 時点으로 注目할 만하다. 이 같은 質的 変化는『旅愁』(1937)에 있어서 본격적인「推量」을 나타내는「みたいだ」의 등장으로 具体化되었다고 보여진다. 그리고 『如何なる星の下に』(1939)에서는 対話文과 地文 모두에서「用言(動

詞)＋みたいだ」의 用例가 보이나, 1930年代 末까지는 自嘲的인 표현으로서의「みたようだ」가 残存하고 있었음을 확인할 수 있었다.

2.3.2. 学習書의「みたいだ」

이 시기의 분석 대상으로는『尋常小学読本』(1917, 大7年 修正本)과『基礎日本語』(1933, 昭8年),『日本語表現文典』(1944, 昭19年) 등이 있다.『尋常小学国語読本』은 国定教科書로서 明治期에 만들어진『尋常小学読本』을 大正 年間에 修正・補完한 것으로 당시의 教科書에 사용된 日本語의 様相을 살펴보기에는 가장 접근성이 용이한 자료이다.『基礎日本語』와『日本語表現文典』은 3-40年代에 日本人에 의해 著述된 日本語 学習書이다.

2.3.2.1.『尋常小学国語読木』(1917, 大7年, 修正木)

日本의 国定国語読本은 明治 37年(1905)부터 昭和 24年(1949)까지 전국의 초등학교에서 사용된 教科書로 전 학년에 걸쳐 단 1種이 존재했다. 国定 読本은 時期에 따라 6期까지 간행되었으며, 그 구체적인 年度에 따른 使用 教科書는 다음과 같다.

第1期 : 明治37年(1905)～明治42年(1909),『尋常小学読本』
第2期 : 明治43年(1910)～大正6年(1916),『尋常小学読本』
第3期 : 大正7年(1917)～昭和7年(1932),『尋常小学国語読本』
第4期 : 昭和8年(1933)～昭和15年(1940),『小学国語読本』
第5期 : 昭和16年(1941)～昭和20年(1945),『初等科国語』

第6期 : 昭和21年(1946)~昭和24年(1949),「折りたたみ」16page의 分冊

여기에서 조사 대상으로 삼고자 한 것은 1917년부터 1932년까지 사용된 第3期의 『尋常小学国語読本』으로 조사의 결과를 표로 提示하면 다음과 같다.

〈표 16〉 『尋常小学国語読本』의 使用例

券數＼語	やう	やうに	やうな	やうだ	やうで	やうなり	らしい	らしく	みたいに	みたいな	みたいだ
1											
2				2			1				
3		9		1			2				
4		7	1	1	2						
5		15	4	2	1						
6		8	8	1			2				
7		20	11	3		1					
8		21	1				2				
9		31	21	5	1	1	2				
10	1	26	13	5	1	1	3	1			
11		32	15	5		2	3				
12	5	26	18	1							
計	6	195	92	26	5	5	15	1			

아울러 당시 한국에서 使用된 『国語読本』(朝鮮総督府 刊行, 1930년 前後)의 다음과 같은 조사 결과를 함께 提示해 두기로 한다.

〈표 17〉 普通学校『国語読本』(朝鮮総督府, 4年制)의 使用例

卷數＼語	やう	やうに	やうな	やうだ	やうで	やうなり	らしい	らしく	みたいに	みたいな	みたいだ
5		26	5	2							
6		21	15								
7		24	7	1			1	1			
8		29	12	1							
計		100	39	4			1	1			

〈표 18〉 普通学校『国語読本』(朝鮮総督府)의 使用例

卷數＼語	やうに	やうな	やうだ	やうで	やうなり	らしい	らしく	みたいに	みたいな	みたいだ
1	2	1								
2		2	1			1				
3	7	3	1			1				
4	3	4		3						
5	16	6	4							
6	13	9		1		1				
7	27	12	1			2				
8	16	14	2	1						
9	32	15	4	2		3				
10	30	13	2			1				
11	16	7	3	1						
12	23	11	1	1						
計	185	97	19	9		9				

위의 조사 결과에서 알 수 있듯이 이 時期의 日本語 敎科書에는 「みたいだ」의 使用 例를 확인할 수 없다. 이것은 당시의 「みたいだ」가 아직 敎科書에 실릴 만한 規範性을 가지고 있지 않다는 것을 意味하는 現象으로 해석할 수 있을 것이다. 大正期의 「みたいだ」는 아직 俗語的인 認

識의 단계에 머물러 있지 않았나 생각되는 것이다.

2.3.2.2. 『基礎日本語』(1934, 昭9年)

『基礎日本語』는 영국 캠브리지 Orthological Institute의 C. K. Ogden씨가 고안한 Basic English에서 영향을 받아 1932年(昭7年) 1월에 語表를 만들기 시작하고, 昭和8년 1월에 文章의 規則을 완성한 日本語 学習書이다. 이와 같은 『基礎日本語』에서는 基本的인 日本語의 文章의 規則을 提示하여, 일반적으로 일본어를 처음 공부하는 사람에게 있어서 실제 언어생활에서 가장 基礎가 되는 것을 수록·정리하면서, 다음과 같은 目的을 가지고 考案되었다. 단어는 불과 1000語이지만, 어린이가 文章을 만들 때 필요한 教本이 될 뿐만 아니라 日本語를 처음 접하는 朝鮮이나 台湾사람들도 읽고 쓰기가 가능하도록 하고, 특히 유럽이나 미국인이 日本語 学習하기가 어려운 점까지 고려하여 만든 学習書라는 점에서 그 특징을 찾을 수 있을 것이다.

(一) 昨日おとうさんと朝九時の汽車で、軍隊に居るにいさんの所へ出かけました。鉄橋にかゝつた時河を見たらだいそう水が出て居ました。
「此のよいお天気にどうしたのでせう」とたづねましたら、
「河上の方で雪がとけはじめたのだらう」といふことでした。

(二) 私は父と昨日朝九時の汽車で軍隊に居る兄のところへ行きました。汽車が鉄の橋を通る時、川を見ると、水が非常に多くなつて居りました。
「天気がよいのに何故水が多いのでせうか」と父に聞ひますと、

「川の上の方で雪が溶け初めたのでせう」と父が答へました。

위의 예와 같이, 第(一)의 文章이라면 外国語로 飜訳하기가 어렵지만, 第(二)의 文章이라면 外国語로 번역하기가 쉬운 점까지 언급하고 있다. 그런데『基礎日本語』(1934)에서도「みたいだ」의 用例는 등장하지 않는다. 다만 이 책에서 주목할 수 있는 것은 다음과 같은「推量」의 ヨウダ가 多用되고 있다는 점이다.

- 羽の下にも二三の子がいる<u>やう</u>でありました。
- あまりにも悲しい<u>やう</u>でありますから、これを還してあげます。
- かの熊は平和な性質である<u>やう</u>ですが、いつ害するかも知れません。
- 夜の空に銀の砂をおいた<u>やう</u>に見えるちひさな星と同じものだといひます。

이와 같은 現象은 이 책의 読本 部分에 수록된 日本語 文章이 상당 부분 既存의 教科書를 참조하고 있다는 점에 그 원인이 있지 않을까 생각된다. 즉 이 책의 著者는『尋常小学国語読本』이나 普通学校『国語読本』에서와 같이「みたいだ」가 教科書에 실릴 만한 規範性을 가지고 있지 않다고 판단하고 있음을 엿볼 수 있다. 따라서 이 時期의「みたいだ」는 실제 言語 現実과 言語 認識에 있어서 차이가 존재했다고 할 수 있을 것이다.

2.3.2.3.『日本語表現文典』(1944, 昭19年)

이 時期의 学習書 가운데 가장 주목을 끄는 것은 1944年에 刊行된

『日本語表現文典』이다. 이 책은 당시 日本의 国際文化振興会에서 海外의 日本語 보급을 위해서 著作한 것으로, 오늘날의 외국인을 위한 日本語 教材의 선구적인 역할을 한 学習書라고 할 수 있다. 이 책의 刊行背景을 살펴보기 위해 序文의 일부를 아래에 転載해 보면 다음과 같다.

　　日本文化の海外宣揚に、日本語普及の必要欠くべからざるものであることは言ふまでもない。否寧ろ、此の事こそ実に対外文化事業の根幹であり、これ無くしては満足なる文化宣揚を望み得ない事は敢て欧米各国の対外文化事業の事例に俟たずとも既に自明のことである。本会に於ては、日支事変直後全世界に日本語研究熱の勃興せる機会を捕へ、いち早く日本語海外普及事業を開始し、其の一つとして昭和拾五年七月より文法書の編纂に着手、口語文典として、日本文法を日本語の立場から説いた「基本文典」と、日本語の文型を主とした「表現文典」との二種の編纂を企画し、此の内前者は既に日本語版、英語版の出版を完了し、引続き此処に「日本表現文典」上梓の運びとなった。

또한 本書는 종래의 日本語의 語形 변화를 活用表에 의해 설명하고 用法上의 注意点을 지적하는 정도의 文法書와는 달리「어떤 意味를 表現하기 위해서는 어떤 表現 文型을 사용해야 하는가?」라고 하는 점을 記述한 最初의 学習書라는 점을 강조하고 있다.

이와 같은 性格의『日本語表現文典』에서는 助動詞에 대한 취급에 있어서도「推量の意を表す言ひ方」와「同様・類似の意を表す言ひ方」로 나누어서 설명하고 있어 종래의 学習書와는 다른 면모를 보여주고 있다. 먼저「推量の意を表す言ひ方」를 살펴보면,

○ 事柄を正確に断言しないで、推量していふ意味を表すには、動詞・形容詞・活用連語に「う よう だらう らしい やうだ やうです まい さうだ さうです」を附けていふのが普通である。このうち「う」「よう」「らしい」「まい」の四語を「推量の助動詞」といふ。

와 같이 記述되어,「みたいだ」에 대한 직접적인 언급은 보이지 않는다.
　한편「同様・類似の意を表す言ひ方」에서는,

○ 二事物を比較して、同様であり類似する意味を表すには、大きく見て、「A.動詞・形容詞を用ひる場合B.活用連語を用ひる場合」の二つに分けるのが便利である。

라고 언급하면서, A에 대해서는「同じだ, 同様だ, 等しい, 似ている」등을, B에 대해서는「やうだ」를 각각 例示語를 제시하고 있다. 특히 여기에서 문제가 되는 것은「やうだ」의 用例인데, 이「やうだ」에 대해서는 다음과 같은 구체적인 實例를 예시하고 있다.

○ 琵琶湖は大きくて<u>海のやうだ</u>(<u>海のやうです</u>)。
○ 霧が立ちこめて、煙幕を<u>張ったやうだ</u>(<u>張ったやうです</u>)。
○ あの人に何か言はれるのは、まるで<u>叱られるやうだ</u>(<u>叱られるやうです</u>)。

　그런데 여기에서 주목하고자 하는 것은 이들 實例에 대한 다음과 같은「注意」이다.

[注意]「ようだ」と同じ意味を表すのに「みたいだ」「みたやうだ」を用
ひることがある。

○ 琵琶湖は大きくて海みたいだ。
○ あなたみたいな年の若い人が……。
○ 紙みたいな(紙みたやうな)薄い絹。
○ 赤い光は白いのみたいに(白いのみたやうに)は遠くまで届かない。

　右のやうに「みたいだ」「みたやうだ」は名詞・代名詞、又は名詞と
同性質の語に附く。その活用は「やうだ」と同様である。なほ、「みた
いだ」「みたやうだ」を、次のやうに活用する語に附けて用ひるのは、
普通の言ひ方ではない。

○ 彼の辯舌は、水が流れるみたいだ。
○ 虫の鳴くみたいな(鳴くみたやうな)細い声。

　즉, 위와 같은 記述로부터 다음 두 가지 점을 指摘할 수 있을 것으로 생각된다. 먼저 이 時期에 있어서「ようだ」와 같이「樣態」를 나타내는 「みたいだ」가 日本語 敎育에 적극적으로 등장하고 있으며, 그와 동시에 아직「みたようだ」의 존재도 소멸되지 않았다는 점이다. 이「みたようだ」에 대해서는『如何なる星の下に』(1939)에서도 그 使用을 확인한 바 있는데 거의 同時期에 만들어진『日本語表現文典』의 記述도 신뢰할 수 있을 것으로 생각된다.

　두 번째로는 用言에 접속되는「みたいだ」의 形式을「普通の言ひ方 ではない」라고 규정하고 있는 사실로부터 이 時期의「用言 + みたいだ」는 아직 規範的인 形式으로서 認識되지 못하고 있었다는 것을 指摘할 수 있을 것이다. 즉, 이것은「用言 + みたいだ」의 勢力이 확대되어 가던 過渡期的인 狀況으로 이해될 수 있는 記述로 생각된다.

그러나 무엇보다도 주목되는 것은『日本語表現文典』에서는「推量」의「みたいだ」에 대한 言及이 없다는 점일 것이다. 이것은「推量」을 나타내는「みたいだ」의 用例가 橫光利一의『旅愁』(1937)에 등장하고 있는 점으로 보아『日本語表現文典』의 記述은 다소 保守的이라고도 할 수 있을 듯하다. 이것 역시「みたいだ」의 意味・機能이 커다란 변화의 흐름을 타고 있던 時期에 있어서의 記述의 動搖로 해석할 수 있을 것이다.

하지만 이와 같은『日本語表現文典』의 記述은「みたいだ」의 意味・機能이「体言 + みたいだ(様態)」→「用言 + みたいだ(様態)」→「用言 + みたいだ(推量)」과 같은 식으로 확대되어 갔음을 推定할 수 있는 根拠가 된다는 점에서 資料的인 意味 附与가 가능할 것으로 생각된다.

2.3.3. 辞典의「みたいだ」

이 時期의 대표적인 日本語 辞典으로는『大言海』(初版, 1932-1937)가 있다. 이것은 書名에서도 알 수 있듯이, 前 時期의『言海』를 增補하여 제작한 것으로, 初版 1巻은 1932年에 간행되기 시작하여 마지막 5巻은 1937年에 간행을 완결한 당시로서는 最大收録語彙 數를 자랑하는 辞典이다. 여기에서는『大言海』(1944年 刊行本)를 이용하여「みたいだ」에 관한 記述 內容을 검토해 보기로 한다.

2.3.3.1.『大言海』(1944, 昭19年)

『大言海』는『言海』를 修訂 增補한 것이나 간행은 編著者였던 大槻

文彦의 死後에 이루어졌다. 따라서 『大言海』에서는 『言海』와 비교해 볼 때 몇몇 차이점을 발견할 수 있다. 먼저 ヨウダ에 대한 記述 態度는 用例의 補完에 신경을 쓰고 있으나, 근본적인 変化를 가져왔다고는 할 수 없을 듯하다.

　　　　やう(名) 様 (一)アリサマ。形状。「故ノ様ニ、コノ様ナル、善キ様ニ想フ、見ヌ様ニスル」(二)様子。風情。宇津保物語、俊蔭 「其子、心ノ敏キコト限リナシ、父母、イトアヤシキ子ナリ、生出デンやうヲ見ントテ、フミモ読マセズ」「様コソアレ」アリ様ハ」(三)本器ニマネビテ、ソノ様ニ作レル器ノ義。儀式ニ用ヰルモノヨリ転ジテ、同ジ様。類似。源、三十八、夕霧 「三宮ノ、同ジゴト、身ヲヤツシ給ヘル云云、必ズサシモ、やうノコトト(物トィ)争ヒ給ハンモ、ウタテアルベシ」

하지만 『大言海』에서 주목을 끄는 것은 『言海』(1909)에서 보이지 않았던 다음과 같은 「みたいだ」의 語項目이 등장하고 있다는 점일 것이다.

　　　　みたいな(副)　見タルヤウナル、ノ意ヨリ転ジテ、ノ如キ。ノヤウニ。

위와 같은 記述에서 주목되는 것은 「みたいだ」의 語項目이 連体形인 「みたいな」로 提示되고 있다는 점, 품사 분류가 副詞로 규정되어 있다는 점, 「様態」의 意味만으로 해석되고 있다는 점 등을 들 수 있을 것이다. 「みたいな」를 副詞로 취급하고 있는 점에 대해서는 그 배경을 분명히 할 수 없지만, 1930年代에는 「様態」의 「みたいだ」가 一般化된 言語現実을 반영한 것이 아닌가 생각된다. 또한 이 『大言海』는 「みたいだ」의

관련 語項目이 최초로 등재된 國語 辭典으로 기록될 수 있을 것이다.

2.3.4. 결과의 분석

　大正・昭和 前期(1913-1945)는「みたようだ」의 사용이 서서히 감소해 감과 동시에「みたいだ」의 사용이 서서히 증가해 갔던 시기로 규정할 수 있다. 그와 동시에 明治 後期까지만 해도 低俗한 표현에 냉소적인 뉘앙스를 가지고 사용되던「みたようだ/みたいだ」가 점점 中立的인 意味의 표현으로 전환되어 갔음을 확인할 수 있었다. 이 시기에 있어서 특히 주목을 끄는 것은 年齡이나 親疎 関係와 상관없이 젊은 여성들이「みたいだ」를 多用하고 있다는 점이다. 또한「用言(動詞) + みたいだ」의 形式이 등장하는『雪国』(1935)은「みたいだ」의 質的 変化가 시작된 時点으로 기억되어야 할 것이다.

　大正期에 있어서 国定 教科書에서의「みたいだ」의 使用은 制限的이었다고 해야 할 것이다. 이것은 教科書의 規範性과「みたいだ」가 지닌 言語 位相이 상충되었기 때문에 일어난 現象으로 해석될 수 있을 것이다. 이 時期에 있어서「みたいだ」와 관련된 귀중한 情報를 제공하고 있는 것은『日本語表現文典』(1949)이다.『日本語表現文典』을 통해서 이 時期의「みたいだ」의「推量」을 나타내는 意味・機能이 아직 일반적으로 認識되고 있지 않음을 확인할 수 있었다.「推量」을 나타내는「みたいだ」의 用例가 문학 작품 속에서 등장한 것은 横光利一의『旅愁』(1937)를 前後한 時期로 推定되고, 40年代의 상황에서는 아직「みたようだ」가 존재했으며「様態」를 나타내는「みたいだ」도 用言에 접속되는 경우는 올바른 사용법으로 認識되지 않고 있었다는 사실을『日本語表現

文典』을 통해서 확인할 수 있었다.

　辞典은 言語 現実을 반영하는 데 있어서 学習書보다도 보수적이라는 속성을 가지고 있다는 점에 대해서는 앞에서도 언급한 바와 같지만, 결과는 예상했던 것보다도 현격하게 辞典 記述의 保守性을 확인할 수 있지 않았나 생각된다. 무엇보다도 明治期뿐만 아니라 大正期의 日本語 辞典에서도「みたいだ」자체를 語項目으로서 설정하고 있지 않았다는 점이 이를 증명하고 있다고 할 것이다.

2.4. 昭和 後期(1946-1988)

2.4.1. 文学 作品의「みたいだ」

　2차 대전 후 일본은 미군정의 점령 정책에 의해 미국식 민주주의 체제로 전환됨과 동시에 급격한 고도 경제 성장의 길로 들어서 물질적 풍요를 누리게 된다.

　한편 이 時期의 日本語는 音韻과 文法 体系에 있어서는 한마디로 現代語 바로 그것으로 오늘날 사용되는 日本語와 크게 다를 바 없다고 할 것이다. 하지만 細部的으로는 몇몇 주목할 만한 現象을 지적할 수 있다. 먼저 戦後 등장하기 시작한「ラ抜きことば」가 70-80년대에 이르러 大勢를 이루게 된다. 또한「分かんない」「つまんない」와 같은 형태가 流行하여 定着되기에 이른다. 그 외에 前 時期의「ちゃった」가「ちった」로 변하는 簡略化 傾向이 눈에 띄는 것도 이 時期에 들어와서부터이다. 아울러 문학 작품에 있어서도 순수 문학과 대중 문학의 경계선이 현저히

줄어들어 口語와 俗語가 문학의 중심적인 문체가 되었다는 점도 기억해 둘 필요가 있을 것이다.

이 時期의 분석 대상 작품은 다음과 같다.

〈표 19〉 昭和 後期의 分析 対象 作品

작 가	작 품	연 도
太宰治	斜陽	昭22(1947)
太宰治	人間失格	昭23(1948)
川端康成	山の音	昭24(1949)
三島由紀夫	仮面の告白	昭24(1949)
坂口安吾	復員殺人事件	昭25(1950)
坂口安吾	金銭無情	昭33(1958)
大江健三郎	われらの時代	昭34(1959)
谷崎潤一郎	瘋癲老人日記	昭37(1962)
丸谷才一	笹まくら	昭41(1966)
中上健次	岬	昭50(1975)
黒井千次	五月巡歴	昭52(1977)
丸谷才一	裏声で歌へ君が代	昭57(1982)
村上春樹	羊をめぐる冒険(上下)	昭57(1982)
大江健三郎	新しい人よ眼ざめよ	昭58(1983)
村上竜	テニスボーイの憂鬱(上下)	昭60(1985)
村上春樹	ノルウェイの森(上下)	昭62(1987)
村上春樹	ダンス・ダンス・ダンス(上下)	昭63(1988)

2.4.1.1. 『斜陽』『人間失格』

太宰治[31]의『斜陽』[32](1947, 昭22年)에서는 이미「みたようだ」는 보이지 않으며, 13例의「用言 + みたいだ」와 47例의「체언 + みたいだ」를

---

31) 1909年(明42年) 青森縣 出生. 1948年 同伴自殺로 生을 마감함.
32) 1947年(昭22年) 雜誌『新潮』의 7月號에서 10月號까지 4回에 걸쳐 연재되었다.

확인할 수 있다. 특히 「用言 + みたいだ」의 使用例가 현저하게 증가되어 있음이 注目된다. 여기에서는 「用言 + みたいだ」의 用例를 중심으로 轉載해 보기로 한다.

4-01. 「空気のせゐかしら。……光線が絹ごしされてゐるみたい。」
(斜陽、かずこ→母、昭22年)
4-02. 「人間は、万物の霊長だなんて威張つてゐるけど、ちつとも他の動物と本質的なちがひが無いみたいでせう?」
(斜陽、かずこ→母、昭22年)
4-03. 「骨が無いみたいにぐつたりして、何だかそれでも、ぶつぶつ言つてゐて、私あの時、はじめてお酒飲みつてものを見たのですけど、面白かつたわ。」 (斜陽、かずこ→上原、昭22年)
4-04. 「それに、お庭の薔薇のことだつて、あなたの言ふことを聞いてゐると、生きてゐる人の事を言つてゐるみたい。」
(斜陽、母→かずこ、昭22年)
4-05. 「子供が二人で暮してゐるみたいなんだから、いままで火事を起さなかつたのが不思議なくらゐのものだ。」
(斜陽、おばさん→かずこ、昭22年)

위의 例文은 모두 주인공 かずこ를 비롯한 女性의 発話 속에 使用된 「みたいだ」의 用例이다. 사용자의 年齢層은 20대에서 50대까지 폭이 넓다. 이들 用例는 모두 「用言 + みたいだ」의 형식을 취하고 있는 것들로, 「みたいだ」의 意味・機能이 「様態」에서 「推量」으로 拡大되어 가는 様相을 반영하고 있다고 할 것이다. 따라서 이들 用例의 「みたいだ」에는 言語 位相의 저속성이나 語感의 냉소성은 보이지 않고 이미 中立的인 性格으로 전환되었음을 알 수 있다. 특히 4-02나 03에 보이는 「形容詞

+ みたいだ」의 사용이나 「みたいでせう」와 같은 형식의 등장은 「みたいだ」의 세력이 확장되어 감과 동시에 아직 완전한 「推量」표현의 단계에는 이르지 못했음을 보여주는 現象으로 해석할 수 있을 듯하다.

한편 같은 太宰治의 『人間失格』[33](1948, 昭23年)에서도 도합 14例의 「用言 + みたいだ」와 29例의 「体言 + みたいだ」의 用例가 보여 『斜陽』과 동일한 傾向을 확인할 수 있다.

  4-06.「あなたは、ずゐぶん苦労して育つて来たみたいなひとね。」
(人間失格、シズ子→葉　蔵、昭23年)

특히『人間失格』에서는 다음과 같은 10세 미만의 シゲ子의 発話 속에서 등장하는 「みたいだ」가 보여 「みたいだ」의 一般化 傾向을 엿볼 수 있다.

  4-07.「セツカチピンチヤンみたいね。」
(人間失格、シゲ子→シズ子、昭23年)

2.4.1.2.『山の音』

川端康成의『山の音』(1949, 昭24年)에서는 도합 10例의 「みたいだ」의 使用例가 확인되는데, 이들은 모두 「体言 + みたいだ」의 用例로 前時期의『雪国』(1935)에서 使用된 「用言 + みたいだ」의 형식은 확인되지 않는다.

---

[33] 1948年(昭23年)에 雜誌『展望』에 3回에 걸쳐 發表되었다.

4-08.「頭をちよつと胴からはづして、洗濯ものみたいに、はい、これ
　　　を頼みますと言つて、大学病院へでも預けられんものかね。」
　　　　　　　　　　　　　　　　（山の音、信吾→菊子、昭24年）
4-09.「しかし、さつきの話ぢやないが、ちぎれた血まみれの耳みたい
　　　に、無造作にくつつけるとうまくゆくかもしれないね。」
　　　　　　　　　　　　　　　　（山の音, 信吾→菊子, 昭24年）
4-10.「お前みたいな若い男が、うらやましがつて見るからさ。」
　　　　　　　　　　　　　　　　（山の音、信吾→修一、昭24年）
4-11.「私もちよつとまあ房子みたいだつたのでせう。」
　　　　　　　　　　　　　　　　（山の音、保子→信吾、昭24年）
4-12.「どうも気味が悪い、人間の首みたいで。」
　　　　　　　　　　　　　　　　（山の音、保子→信吾、昭24年）
4-13.「生きてる人間みたいで。」　（山の音、保子→信吾、昭24年）
4-14.「十四五の女の子みたいですね。」
　　　　　　　　　　　　　　　　（山の音、保子→信吾、昭24年）
4-15.「子供が迷子か捨子みたいに、うろうろ歩いてるのに、どこへ
　　　行つたんだらう。」　　　　（山の音、菊子→保子、昭24年）
4-16.「私、絹子さんみたいに働きはありませんから、家庭教師のや
　　　うなことをして、六七軒廻つてをります。」
　　　　　　　　　　　　　　　　（山の音、池田→信吾、昭24年）

이들 用例는 주로 주인공인 尾形信吾(62세)와 부인인 保子의 사이에서 이루어진 대화 속에 등장하는 것으로 4-11, 12, 13에서와 같은「みたいで」「みたいだった」와 같은 形式을 제외하면 前 時期의「体言 + みたいだ」의 使用 実態와 크게 다를 바 없다.

2.4.1.3. 『仮面の告白』

三島由紀夫[34]의 『仮面の告白』[35](1949, 昭24年)에서는 도합 12例의 「みたいだ」가 보이는데 1例의 「用言 + みたいだ」의 形式을 제외하면 나머지는 「体言 + みたいだ」이다. 그 가운데 주목되는 用例는 다음과 같다.

4-17. 「この人男<u>みたい</u>でせう。でも女なんですよ、本当は。」
 (仮面の告白、看護婦→私、昭24年)
4-18. 「君つて、実際、こはい<u>みたい</u>だねえ。」
 (仮面の告白、同級生→私、昭24年)

4-17은 주인공(私)이 6살일 때 주인공(私)에 대한 간호원의 発話 장면으로 「みたいだ」+「だろう」가 접속된 형식이다. 이와 같은 形式은 『斜陽』에서 나타난 4-02의 用例와 비슷하나 그 내용에 있어서는 약간 차이가 있음을 지적해 둔다. 즉 4-02가 「用言 + みたいだ」에 「推量」의 「だろう」가 접속된 形態인 반면, 4-17은 「体言 + みたいだ」에 「だろう」가 접속된 것으로 「様態」를 「推量」하는 규범적인 표현이라 할 수 있을 것이다. 또한 4-18은 주인공(私)이 중학교 4학년일 때 동급생과의 대화 장면에서 등장하는 것으로 「形容詞 + みたいだ」의 용례이다.

2.4.1.4. 『復員殺人事件』『金銭無情』

坂口安吾[36]의 推理小説인 『復員殺人事件』(1950, 昭25年)에서는

---

34) 1925年(大4年), 東京 出生. 1970年에 자결.
35) 1949年(昭24年)作. 三島由紀夫의 첫 私小說.
36) 1906年(明39年) 新潟 出生. 1946年(昭21年) 문단 데뷔, 1955年 沒.

第2章 資料의 分析 125

도합 21예의「みたいだ」가 확인된다. 이 가운데 20예가 対話文에 등장하고 있으며, 地文에는 1예가 나타나고 있다.

   4-19.「然し、身長といったって、あれぐらい化け物みたいな怪我をしたんじゃ、六分ぐらいはチヂまるかも知れんじゃないか」
                          (復員殺人事件、刑事A→刑事B、昭25年)
   4-20.「検査を依頼しにでかけた刑事の話では専門の学者が一目見て、これは半分催眠薬みたいなものだ、といったそうです」
                          (復員殺人事件、刑事→医師、昭25年)
   4-21.「君は又、軽業みたいなことをやってるじゃないか。君みたいに身のコナシのやわらかな犯人は居るもんじゃないよ」
                          (復員殺人事件、刑事→探偵、昭25年)
   4-22.「一本のウイスキーを宝物か、虎の子みたいに大事にしなければいけないけれども、これほど物質豊富な御大家だから、ほかのウイスキーに細工をしておいて、壜ごとすりかえるという手もあったろうし、……」
                          (復員殺人事件、刑事→探偵、昭25年)
   4-23.「むかしのチョーヘイ検査では、馬か牛みたいに四つんばいにさせられて、コウモンの穴まで調べられたもんでしょう」
                          (復員殺人事件、探偵→刑事、昭25年)
   4-24.「あえて、精神ブンレツ症だとはいわなくても、犯罪というものは、ある意味では戦争みたいなものでしょう」
                          (復員殺人事件、探偵→矢代、昭25年)
   4-25.「僕がこういうチンピラヤクザみたいな段階で止っていられるのは、まだ上出来な方ですよ」
                          (復員殺人事件、探偵→刑事、昭25年)
   4-26.「犯罪というものは、人生のごみためみたいなもので、何が投げこまれるかわからないものですから、それを解決する方も、

　　　　　雑学のウンチクがなくてはだめなことは、小説家という商売
　　　　　と同じことですがねえ」
　　　　　　　　　　　　　　　（復員殺人事件、探偵→矢代、昭25年）
4-27.「シドロモドロのドギマギしては、それこれお嬢さんにまで、あ
　　　　　らぬケンギがかからないともかぎらないから、僕がこうして内
　　　　　輪で家庭教師みたいな下調べをしてあげて、そのトレイニン
　　　　　グのお手伝いをしようとしているのですがねえ」
　　　　　　　　　　　　　　　（復員殺人事件、探偵→とみ子、昭25年）
4-28.「そんなら酔っ払いみたいに、なんでもベラベラ、喋るかという
　　　　　と、そうでもなく、やっぱり、理性はあるのですな」
　　　　　　　　　　　　　　　（復員殺人事件、医師→刑事、昭25年）
4-29.「夢みたいなものが見える人間がいるもんですぜ」
　　　　　　　　　　　　　　　（復員殺人事件、医師→刑事、昭25年）
4-30.「へへへへへ、旦那方は、竜教というと、まるでむかしの大本
　　　　　教みたいな不敬罪にわたる邪教だときめこんでおいでだけれ
　　　　　ども、ウーイッ、たまには、倉田家のためにも、大変なクド
　　　　　クをほどこすこともありますぜ」
　　　　　　　　　　　　　　　（復員殺人事件、重吉→刑事、昭25年）
4-31.「キリスト教の洗礼みたいなものでさア」
　　　　　　　　　　　　　　　（復員殺人事件、重吉→刑事、昭25年）
4-32.「一石打って、次の一手を相談するのだから、まるで相談碁み
　　　　　たいだよ。これは」　（復員殺人事件、重吉→刑事、昭25年）
4-33.「一々出入りの者に名前を訊問するそうじゃないか、表門と裏
　　　　　門の塀にヤモリみたいにくっついて、根気のいいには感心す
　　　　　るが、こっちは阿片窟に住んでいるようなイヤな気持だ」
　　　　　　　　　　　　　　　（復員殺人事件、重吉→刑事、昭25年）
4-34.「オレみたいに、年中身長体重の量りっこしていると、感じと
　　　　　実際の相違がわからア」

(復員殺人事件、定夫→家族、昭25年)
4-35.「あら、定夫兄さん、用心棒みたいな兄さんが居てくれなくちゃ、それこそ私たちがこまるじゃありませんか」
(復員殺人事件、美津子→定夫、昭25年)
4-36.「まア、そうさ、兄さんみたいに、神経質にガミガミいったって、この戦争じゃア、我々だっていつ手でケツをふかなきゃならないか分りゃしないね。」
(復員殺人事件、安彦→長男、昭25年)
4-37.「オレみたいな裸稼業の男でも、これについては考えらアな」
(復員殺人事件、久七→定夫、昭25年)

「みたいだ」가 多用되고 있다는 점에서는 주목되지만 위의 용례들은 모두 「体言 + みたいだ」의 形式으로 用言과 연결된 형태는 나타나지 않는다. 이들 「体言 + みたいだ」에 있어서도 4-32의 「みたいだよ」를 제외하면 連体形 「みたいな」와 連用形 「みたいに」가 주류를 이루고 있어 前 時期와 大同小異한 樣相을 보이고 있다고 할 것이다. 아울러 地文에 등장하는 1예의 「みたいだ」도 다음과 같은 連体形 「みたいな」의 形式을 취한 것이다.

4-38.「重吉は巡査をやめて、竜教の信徒総代、教祖の参謀みたいなものになってしまった。」　(復員殺人事件、地文、昭25年)

坂口安吾의『金銭無情』(1958, 昭33年)에서는 도합 25예 가운데 対話文이 15예를 이루고 있고 地文이 9예이다. 『復員殺人事件』(1950)에서 8年이 경과한『金銭無情』(1958)에서는 対話文에서 「用言 + みたいだ」의 용례가 빈번하게 보인다.

4-39.「ともかく、談と称し話と称するものは、あなたも喋れば、こちらも喋る、両々相談ずるうちに序論より出発して結論に至るもので、いきなり棒をひっぱるみたいに話のシメククリだけで申渡すんじゃ片手落だな」（金銭無情、倉田→清人、P78）
4-40.「最上先生、たまに会って、呆気なく別れたんじゃア、首くくりに出かけるところを引きとめなかったみたいで、寝ざめが悪いよ」　　　　　　　　　（金銭無情、倉田→清人、昭33）
4-41.「インフレ時代というものは川が洪水になるみたいに、同じ情勢が激化するだけのモンキリ型のものじゃアないです」
　　　　　　　　　　　　　　　（金銭無情、倉田→清人、昭33）
4-42.「腹ペコでも、あしたのことは天まかせてえのは宇宙的なる心境でして、雨が降るみたいにお酒の降る日も女の降る日も肴の降る日もあるという夢と希望に天地を托す、」
　　　　　　　　　　　　　　　　　（金銭無情、女→倉田、昭33）

　4-39, 40, 41은 30대 後半의 倉田와 40대의 清人와의 대화 장면이고, 4-42는 30대 여성의 発話이다. 특히 4-40은 본격적인「推量」을 나타내는「みたいだ」의 用例로 해석할 수 있을 것이다.

2.4.1.5.『われらの時代』
　大江健三郎[37]의『われらの時代』(1959, 昭34年)에서는 도합 25例의「みたいだ」의 使用例를 확인할 수 있다. 이 가운데「用言 + みたいだ」의 形式은 7例,「体言 + みたいだ」는 18例이다. 여기에서는 다음과 같은 用例에 주목해 보고자 한다.

---

32) 1935年(昭10年) 愛媛縣 出生. 1957年 문단 데뷔. 1994年 노벨문학상 受賞.

4-43.「あんたたち、今夜は元気がないわね、まいってる<u>みたい</u>ね」
　　　　　　　　　　　　(われらの時代、女の子→滋、昭34年)
4-44.「わたしに拒む力があるとでも思っている<u>みたい</u>ね。わたしがいやよ子供は生むわ、という力をもっているとでも思っている<u>みたいだ</u>わ」　　　(われらの時代、頼子→靖男、昭34年)
4-45.「ああ、天使にだかれた<u>みたい</u>に良かった、こんなことはあまりないわ」　　　(われらの時代、頼子→靖男、昭34年)
4-46.「歌うアリを見つけた<u>みたいだ</u>。」
　　　　　　　　　　　　(われらの時代、地文、昭34年)
4-47.「女の子が悲鳴をおし殺す、厭な音を喉の奥でたてる、電話が下痢でもしている<u>みたいだ</u>、ああ、ああ!」
　　　　　　　　　　　　(われらの時代、地文、昭34年)
4-48.「わたしは中年の女だしあの人は子供だ、わたしが妊娠するなんて、あの人を強姦した結果<u>みたい</u>じゃないか。」
　　　　　　　　　　　　(われらの時代、地文、昭34年)
4-49.「戦争以後、おれは腹の形をだめにしてしまったよ、皮下脂肪とか消化器官の肥大とかのためになあ、食事のたびにベルトをきつくしめつけて警戒していたんだが、柔らかくてふにゃふにゃだろう、鶏のあすこ<u>みたいだ</u>ろう?」
　　　　　　　　　　　　(われらの時代、地文、昭34年)

4-43은 10代 소녀의, 4-44, 45는 中年 여성의 대화 속에 使用된「みたいだ」이다. 나머지는 地文 속에 使用된 用例인데 그 중 4-48과 49는 독백 형식의 地文이다. 위의 用例에서 알 수 있듯이『われらの時代』(1959)에서 나타나는「動詞 + みたいだ」形式은 대부분(4-43, 44, 46, 47)이「推量」의 意味로 使用된 것들로 이 時期에 접어들어「推量」의「みたいだ」가 一般化되었다고 判斷할 수 있을 듯하다. 특히 이 時期의

특징으로는 4-49와 같은 「体言 + みたいだ + だろう」에 의한 「様態」+ 「推量」을 나타내는 표현 형식이 많이 사용되고 있다는 점을 들 수 있을 것이다.

2.4.1.6. 『瘋癲老人日記』

『瘋癲老人日記』는 谷崎潤一郎가 75歳에 雑誌「中央公論」(昭和36年11月号～37年5月号)에 発表한 小説로 이듬해인 1962年(昭37年)에는 中央公論社에서 単行本으로 刊行되었다. 여기에서는 도합 11예의 「みたいだ」가 확인되는데 「用言 + みたいだ」4예, 「体言 + みたいだ」7예이다.

 4-50.「胸モペッタリシテオ乳ナンゾナクナッチマウシ、肩ノ筋肉モマルデ男ミタイニコチコチニナルワ」
       (瘋癲老人日記、颯子→卯木、昭36年)
 4-51.「ドコダッテ駄目。蛞蝓ニ舐メラレタミタイデ、一日気持ガ悪カッタワ」 (瘋癲老人日記、颯子→卯木、昭36年)
 4-52.「冗談ミタイニ云ッテタケド、案外本気ラシカッタワ」
       (瘋癲老人日記、颯子→卯木、昭36年)
 4-53.「少シ上気セタヨウナ顔ヲシテルネ、興奮シテルミタイダナ」
       (瘋癲老人日記、卯木→颯子、昭36年)
 4-54.「医者ガ内診スルミタイダ」
       (瘋癲老人日記、卯木→颯子、昭36年)
 4-55.「ソウカモ知レナイ。ソンナコトヲ今知ッタノカ、君ミタイナ利口ナ人ガ」 (瘋癲老人日記、卯木→颯子、昭36年)
 4-56.「去年ミタイニ長クナルノハ退屈ダナ」
       (瘋癲老人日記、卯木→陸子、昭36年)

4-57.「アレカラモウ七八年ニナル、ダカラ先様ハアタシノ顔ナンカ忘レテラッシャルノモ無理ハナイ、アノ大勢ノ中デスカラ、ア<u>タシミタイナ</u>モン始メッカラ眼中ニオアリニナラナカッタロウ」
(瘋癲老人日記、陸子→卯木、昭36年)

4-58.「<u>アナタミタイナ</u>親不孝ナ料簡ニ誰ガ賛成スルモンデスカ」
(瘋癲老人日記、陸子→卯木、昭36年)

4-59.「ソンナ器用ナコトガデキルモンデスカナア、デキタラマルデ<u>神業ミタイナ</u>モンデスナア」
(瘋癲老人日記、杉田→卯木、昭36年)

위의 例文은 주로 70代의 主人公인 卯木督助와 며느리인 颯子의 사이에서 주고받는 対話에 등장하는「みたいだ」의 用例들로 이 時期의「みたいだ」가 年齢層이나 性別에 관계없이 쓰이고 있음을 보여주고 있다. 또한『瘋癲老人日記』에서는 다음과 같이 地文에서도「用言 + みたいだ」의 用例가 확인된다.

4-60.「トタンニ<u>合図シタミタイニ</u>手ノ痛ミガ加ワッタ。」
(瘋癲老人日記、地文、昭36年)

『瘋癲老人日記』에서는「体言 + みたいだ」의 형식이 상대적으로 多用되고 있다는 점에서 特記할 현상은 보이지 않는다. 이 時期의「みたいだ」에 있어서는 性別이나 年齢에 의한 사용상의 제한은 보이지 않으나, 70대 노인을 주인공으로 하고 있는『瘋癲老人日記』에서는 상대적으로 使用 頻度上의 차이가 나타나고 있다고 해석할 수 있을 것이다.

2.4.1.7. 『笹まくら』

丸谷才一38)의『笹まくら』(1966, 昭41年)에서는 도합 60例의「みたいだ」가 확인된다. 이 가운데「用言 + みたいだ」의 形式은 23例,「体言 + みたいだ」는 37例이다.

    4-61.「これは裁ち落としでして、本当は何でもいいんです。画用紙で結構なんですが、やはり多少とも腰があるほうがいい<u>みたい</u>ですね」
                              (笹まくら、浜田→客、昭49年)
    4-62.「差しでがましい<u>みたい</u>ですが……」
                              (笹まくら、西→浜田、昭49年)
    4-63.「お母さんの気持、判る<u>みたい</u>」
                              (笹まくら、美津→浜田、昭49年)
    4-64.「信二は厭がっている<u>みたい</u>だが、お前は大人だから大丈夫だろう」
                              (笹まくら、父→杉浦、昭49年)
    4-65.「あっちに泊らなくて、悪かった<u>みたい</u>」
                              (笹まくら、阿貴子→杉浦、昭49年)
    4-66.「明治維新以来の日本のこと、考えてみろよ。戦争ばかりやっていた。まるで、戦争が目的<u>みたい</u>じゃないか」
                              (笹まくら, 境→浜田, 昭41年)

위의 用例에서 등장하는 浜田, 西, 境는 모두 30대이며 浜田의 누나인 美津는 40대 후반의 여성이다. 여기에서 주목되는 현상은 4-61, 63, 65와 같이 断定的인 표현을 회피하고자 사용되는「みたいだ」의 用法이 확인된다는 점이다. 이와 같은 断定 회피의「みたいだ」는 향후「みたいだ」의 전개 과정에서 크게 浮刻되는 用法으로 자리잡게 되는데, 그 初期 段階

---

38) 1925年(大14年) 山形縣 鶴岡市 出生.

의 모습이 『笹まくら』(1966)에서 보이고 있다는 점은 特記할 만한 현상이라 할 것이다. 아울러 『笹まくら』에서는 다음과 같이 地文에 사용된 「用言 + みたいだ」의 形式을 확인할 수 있다.

    4-67. 「何しろ、昔の東京が残っているみたいな、静かな通りだったから。」　　　　　　　　　　　　(笹まくら、地文、昭49年)
    4-68. 「すると向うから、大学のほうからだね、「エイッ、エイッ」っていうのかな、「オウッ、オウッ」かもしれない、実際はそのどっちでもない、獣が吠えるみたいな感じのかけ声。」
　　　　　　　　　　　　　　　　　　　　(笹まくら、地文、昭49年)
    4-69. 「それはまるで、今日ここで会う約束がしてあったみたいな口調である。」　　　　　　　　(笹まくら、地文、昭49年)

이와 같은 用例는 前 時期에 보였던 用法과 큰 차이는 없다고 할 것이다. 다만 『笹まくら』(1966)에서 주목되는 것은 그 使用 頻度에 있어서 현저한 量的 增加를 보이고 있다는 점이다. 따라서 이 時期를 전후한 시점을 「みたいだ」의 拡張期로서 자리 매김할 수 있을 듯하다.

2.4.1.8. 『岬』
中上健次[39]의 『岬』(1975, 昭50年)에서는 도합 22例 중에서 21例가 対話文이고 1例가 地文이다.

    4-70. 「秋幸が、死んだ兄やんみたいな気がしたんや。秋幸も、兄やんみたいに、手、つないでよ」　　(岬、美恵→秋幸、昭50年)

---

39) 1946年(昭21年) 和歌山縣 出生.

4-71.「お父ちゃんがああ、ええ子やったのにスレてしまったと言うけど、わたしは、自分の妹みたいな気がして綺麗になったこと、喜んだの」　　　　　　　　　　（岬、芳子→母、昭50年）

4-72.「むこうの家のごたごたやから、放っといたらええのに、まるで自分の兄弟にそんなことが起ったみたいに、親身になって駆けずりまわる。放っといたらええんや」
　　　　　　　　　　　　　　　　　　（岬、母→芳子、昭50年）

4-73.「おっきい体じゃね、雲突くみたいな大男じゃね。あの男にそっくりになって来たね」　　（岬、弦叔父→美恵、昭50年）

4-74.「子供を犬の仔みたいに捨ててもええと言うんか。嫁入りもさせんと、放っといてもかまんのか」　（岬、兄→母、昭50年）

4-75.「わしが、優しいに、世間の女親みたいにしとったら、飢え死にするわ。戦争のすぐ後やし、買い出しに行かんならん」
　　　　　　　　　　　　　　　　　　（岬、母→秋幸、昭50年）

4-76.「乞食みたいな、顔のまっ黒な、眼のギョロギョロしたおじさん。わしらに、どこから来た、と訊くの」
　　　　　　　　　　　　　　　　（岬、芳子の子供→芳子、昭50年）

4-77.「『叔父さんやのに、あんな、神様みたいな人お』そう言い、弱々しくわらった。」　（岬、美恵→芳子の子供、昭50年）

『岬』(1975)에서는 위의 用例에서 살펴볼 수 있듯이 압도적으로「体言 + みたいだ」形式을 多用하고 있어 앞에서 살펴본『笹まくら』(1966)에 비해서「用言 + みたいだ」의 사용은 적다. 4-70은 30대의 美穂가 남동생 秋幸에 대한 発話이고, 4-71, 72는 30대 후반인 芳子와 어머니와의 대화 장면이다.『岬』에서는 같은 時期라 해도 작가에 따라「みたいだ」의 使用 用法에 차이가 있음을 보여주고 있다고 할 것이다.

2.4.1.9. 『五月巡歴』

戦後에 있었던 노동절 사건(1952년)과 월급쟁이인 현재의 자기를 오버랩 시킨 구黒井千次40)의 『五月巡歴』(1977, 昭52年)에서는 도합 47예의 「みたいだ」가 확인된다. 이 가운데 「用言 + みたいだ」는 対話文과 地文을 합하여 20例를 헤아린다. 특히 여기에서는 「様態」「推量」「断定回避」와 같은 다양한 意味・機能의 「みたいだ」가 선을 보이고 있다. 또한 「みたいだ」가 「用言 + みたいだ」나 「体言 + みたいだ」와 같은 従来의 用法과는 달리 앞 文章 전체를 받아서 사용하는 用例가 나타나고 있어 주목을 끈다.

4-78. 「いま一人、先客があるみたいでしたがね。」
(五月巡歴、法律事務所の男→杉人、昭52)

4-79. 「どんな夢みた？」
「木の夢さ。」
「年寄りみたいな顔だったよ。」
(五月巡歴、杉人→森子、昭52)

4-80. 「君が花に興味を持っているなんて、以外だな。」
「どうして。」
「なんだか年寄りみたいじゃないか。」
(五月巡歴、杉人→森子、昭52)

4-81. 「白い花が枝から一度に飛び立とうとするみたいに咲くあの木蓮よ。」 (五月巡歴、森子→杉人、昭52)

4-82. 「なんだか変だな。自分の子供のことを考えるとひどく損したみたいな気になるよ。」(五月巡歴、杉人→神保、昭52)

4-83. 「そうかな。君の方が詳しいみたいだ。濠の土手の上のことは

---

40) 1932年(昭7年)東京 出生.

どうだ？」　　　　　　　　（五月巡歴、杉人→神保、昭52）
4-84.「あの人は、館野さんが考えている<u>みたい</u>な人ではないんじゃないかと思うわ、私は。」　　（五月巡歴、福井→杉人、昭52）
4-85.「「元気ですよ。大き<u>いみたい</u>ですよ。」不思議な感銘。ガンバレヨ。」　　　　　　　　　（五月巡歴、看護婦長→杉人、昭52）
4-86.「課長待ちでね。」
　　　「そうか。」用心深く杉人は答えた。
　　　「人事に呼ばれたのだろ？」
　　　「――<u>みたい</u>ね。」　　　　　　　　（五月巡歴、杉人→北畑、昭52）

위의 用例에서 4-79, 81, 84는「樣態」, 4-78, 83, 85는「推量」, 4-80, 82, 86은「斷定回避」의「みたいだ」로 각각 분류할 수 있을 것이다. 특히 주목되는 것은 4-86과 같은 用例이다. 즉 4-86은 주인공 杉人와 같은 課의 동료인 北畑와의 대화 장면인데, 여기에서의「みたいだ」는「人事に呼ばれたのだろ？」라는 앞의 發話 전체를 받아서「みたいだ」가 단독으로 사용되고 있다고 볼 수 있는 用例이다. 이와 같이 体言이나 用言을 수반하지 않고 단독으로 사용되어 하나의 문장을 이루는「みたいだ」는 『五月巡歷』(1977)에서 최초로 확인되는 것으로서 주목된다.

2.4.1.10.『裏声で歌へ君が代』

丸谷才一의『裏声で歌へ君が代』(1982, 昭57年)에서는 도합 86例의「みたいだ」가 확인된다. 이 가운데「用言 + みたいだ」의 形式은 26例,「体言 + みたいだ」는 60例이다. 특히『裏声で歌へ君が代』에서는 다음과 같이 向後에 있어서「みたいだ」의 展開 方向과 관련하여 주목을 끄는 用例가 등장하고 있다.

4-87.「何だか子供を叱るみたいだ」
(裏声で歌へ君が代、梨田→朝子、昭57年)
4-88.「さうすると、後悔の念が、鉛筆の字を消しゴムで消したみたいになつて痕が残る。その痕が困るんだな」
(裏声で歌へ君が代、梨田→朝子、昭57年)
4-89.「ぢやあ、あれは百人一首の『行方もしらぬ恋のみちかな』みたいな歌?」　(裏声で歌へ君が代、朝子→梨田、昭57年)
4-90.「空騒ぎをしてるみたいでせう」
(裏声で歌へ君が代、朝子→梨田、昭57年)
4-91.「鮮明な写真を撮るために、うしろに垂らす黒幕みたいなものでせう」　　(裏声で歌へ君が代、林→梨田、昭57年)
4-92.「あれには裏があつたんですよ。今だから話せる、みたいなものですが」　　(裏声で歌へ君が代、林→梨田、昭57年)
4-93.「自然現象ですか?」
「みたいなものですね。どうもそんな気がする」
(裏声で歌へ君が代、梨田→林、昭57年)
4-94.「「死人に口なし」みたいな、この豪華な交遊録の例外としては現存のアメリカ人が一人がゐて」
(裏声で歌へ君が代、地文、昭57年)

위의 用例들 가운데 무엇보다도 주목되는 것은 4-92, 93, 94와 같이 先行語를 가지지 않고 독자적으로 사용되는「みたいだ」일 것이다. 이들은『五月巡歴』(1977)에서 확인한 4-86과 同一線上의 用法으로 볼 수 있는데 이제까지의「みたいだ」와는 質的으로 차이가 있다고 할 것이다. 즉 4-93의 경우,「自然現象ですか」라는 질문에「自然現象みたいなものですね」의 의미로「みたいだ」를 단독으로 사용하고 있지만, 이것은 전형적인「様態」나「推量」의 표현과는 달리 断定을 피하고자 하는 의도가 강하게 작용하고 있는 것으로 해석할 수 있을 것이다. 이러한 현상은 자기 주장을 회피하려고 하는 전통적인 일본어의 표현 용법과「みたいだ」가 결합한 형태로 보인다.

4-94는 해설자에 의한 설명문으로「みたいな」는 선행어로서「死人に口なし」전체를 받아서 역시「斷定回避」의 意味를 나타내고 있다. 이와 같은 用例도 從來의 전형적인「みたいだ」의 使用 例에서는 볼 수 없었던 형태로 주목할 수 있을 것이다. 이늘「みたいだ」는『五月巡歷』(1977)에 처음으로 확인되어『裏声で歌へ君が代』(1982)에서 多用되고 있음을 알 수 있다. 이와 같은 현상은「みたいだ」의 일반화에 따른 表現 領域의 多樣化가 이루어진 데에 그 원인을 찾을 수 있지 않을까 생각된다.

2.4.1.11.『羊をめぐる冒険』『ノルウェイの森』『ダンス・ダンス・ダンス』

丸谷才一와 마찬가지로 村上春樹[41]의 80년대 작품 속에서도「みたいだ」가 많이 쓰이고 있음을 확인할 수 있다. 여기에서는『羊をめぐる冒険』(1985, 昭60年)과『ノルウェイの森』(1987, 昭62年)와『ダンス・ダンス・ダンス』(1988, 昭63年)속에 나타나는 用例를 살펴보기로 한다.

> 4-95.「そういうのって、テレビの『インベーター』みたいじゃないの？」
> 　　　　　　　　　　（羊をめぐる冒険(下)、彼女→僕、昭57年)
> 4-96.「太陽が上って、そして沈んで、人がやってきて、そして去って、空気みたいに時間が流れてくの。なんだかピクニックみたいじゃない？」　（羊をめぐる冒険(上)、彼女→僕、昭57年)
> 4-97.「まるで僕の手じゃないみたいだ。」

---

41) 1949年(昭24年) 兵庫縣 芦屋 出生. 1979年 문단 데뷔.

(羊をめぐる冒険(上)、地文、昭57年)
4-98.「僕の脳味噌も、僕の脳味噌じゃないみたいだ。」
(羊をめぐる冒険(上)、地文、昭57年)
4-99.「紙帯で巻かれた新札の束は札というよりはトランプのカードみたいに見えた。」　　(羊をめぐる冒険(上)、地文、昭57年)
4-100.「三階の窓から見下ろすと、車は潜水艦というよりは金属製のクッキーの型を伏せたみたいに見えた。」
(羊をめぐる冒険(上)、地文、昭57年)
4-101.「今ではなんだか搾取してるみたいな気がするんだ」
(羊をめぐる冒険(上)、相棒→僕、昭57年)

『五月巡歴』(1977) 이후「みたいだ」의 使用이 量的으로 크게 증가해 간 사실을 확인할 수 있는데 이와 같은 경향은 村上春樹의 작품 속에서도 두드러진다. 이와 같은 흐름은 뒤에 제시한 表17을 참조하면 일목요연하게 파악할 수 있을 것이다.

한편 村上春樹의 작품 속에서는「みたいだ」의 표현 형식이 類型化되어 가는 경향을 엿볼 수 있다. 예를 들어 위에 제시한 用例 중 4-95와 96은「みたいだ」와 否定疑問形이 共起한「みたいじゃない？」의 형식, 이에 대해 4-97과 98은「～じゃないみたいだ」의 형식이다. 또한 4-99, 100, 101과 같이「みたいに見える」「みたいな気がする」와 같은 형식도 一種의 類型化된 표현 형식으로서『ノルウェイの森』(1987)나『ダンス・ダンス・ダンス』(1988)에서도 더욱 많이 使用되고 있음이 주목된다.

4-102.「とにかくね、うちの家族ってみんなちょっと変ってるのよ。どこか少しずつずれてんの」
「みたいだね」　(ノルウェイの森(上)、僕→ミドリ、昭62年)

4-103. 「「あなたもだんだん世の中のしくみがわかってきた<u>みたいじゃ
ない</u>。」
「<u>みたいですね</u>」と僕はいった。」
(ノルウェイの森(下)、レイコ→僕、昭62年)
4-104. 「私、二十歳になる準備なんてぜんぜんできてないのよ。変な
気分。なんだか　うしろから無理に押し出されちゃった<u>みた
いね</u>」　　　(ノルウェイの森(上)、直子→僕、昭62年)
4-105. 「かまわないよ。なんだか余計なこと訊いちゃった<u>みたいだな</u>」
(ノルウェイの森(上)、僕→ミドリ、昭62年)
4-106. 「結局私、結婚するまで処女だったのよ、二十五の歳まで。
嘘<u>みたいでしょう</u>？」
(ノルウェイの森(上)、レイコ→僕、昭62年)
4-107. 「……嘘<u>みたいでしょ</u>？」
(ノルウェイの森(上)、レイコ→僕、昭62年)
4-108. 「ワタナベ君、今起きたばかり<u>みたいじゃない</u>」
(ノルウェイの森(下)、ミドリ→僕、昭62年)
4-109. 「愛撫されて悶えてるなんて今思うと信じられないわ。馬鹿<u>み
たいじゃない</u>。」
(ノルウェイの森(下)、レイコ→僕、昭62年)
4-110. 「こんな風にしてるとなんだか昔<u>みたいじゃない</u>?」
(ノルウェイの森(上)、直子→僕、昭62年)
4-111. 「これじゃまるで彼女の言葉探し病が僕の方に移ってしまった
<u>みたいじゃないか</u>、と。」
(ノルウェイの森(上)、地文、昭62年)

위에 제시한『ノルウェイの森』의 用例 중에서 주목되는 것은 4-102와 4-103과 같이 단독으로 사용된「みたいだ」이다. 이것은『五月巡歴』(1977)에 처음 등장해서『裏声で歌へ君が代』(1982)에서 많이 쓰이고

있는 사실을 확인할 수 있었는데, 村上春樹의 작품 속에서도 등장하고 있어 이 時期에는 이미 定着된 표현 형식으로 보는 것이 타당할 것이다.

또한 4-104과 105와 같은「～ちゃったみたいだ」의 형식, 4-106와 107과 같은「みたいだ + 推量의 だろう」의 형식이 많이 쓰이고 있음이 注目된다. 하지만 이 時期에 있어서 가장 표현의 類型化가 많이 진행된 것은 4-108～111에서 보이는「みたいじゃない？」의 형식일 것이다. 아울러『ダンス・ダンス・ダンス』(1988)에서 나타나고 있는 표현 형식으로는 다음과 같은 것들이 주의를 요한다.

4-112.「フロントに立っていると君は何だかホテルの精みたいに見える」
　　　（ダンス・ダンス・ダンス(上)、僕→眼鏡をかけた女の子、昭63年）
4-113.「何と言うかな、君はいつも一人で好きにやっているみたいに見えた」
　　　（ダンス・ダンス・ダンス(上)、五反田君→僕、昭63年）
4-114.「びくびくしてると、カモみたいに見えるの」
　　　（ダンス・ダンス・ダンス(上)、ユキ→僕、昭63年）
4-115.「君が火を点けると、それは人類史上に残る偉業みたいに見えた」
　　　（ダンス・ダンス・ダンス(下)、僕→五反田君、昭63年）
4-116.「それが「カサブランカ」みたいに見えるのは、彼のせいではないのだ。」（ダンス・ダンス・ダンス(下)、地文、昭63年）
4-117.「まるでカフェ・オ・レの精みたいに見える」
　　　（ダンス・ダンス・ダンス(下)、僕→ユキ、昭63年）
4-118.「大人になったみたいに見える」
　　　（ダンス・ダンス・ダンス(下)、僕→ユキ、昭63年）

4-119.「何もかもが夢みたいに思える」
　　　　（ダンス・ダンス・ダンス(下)、五反田君→僕、昭63年）
4-120.「若い時はなんだって上手く行くみたいに思えるんです」
　　　　（ダンス・ダンス・ダンス(下)、文学→僕、昭63年）
4-121.「何もかもが夢みたいに思える」
　　　　（ダンス・ダンス・ダンス(下)、五反田君→僕、昭63年）
4-122.「あなたと話して少し元気になったみたいな気がする」
　　　　（ダンス・ダンス・ダンス(下)、ユキ→僕、昭63年）
4-123.「でもきっと僕の言ってることは馬鹿みたいに聞こえるんだろうね」
　　（ダンス・ダンス・ダンス(上)、僕→眼鏡をかけた女の子、昭63年）

　4-112～118은『羊をめぐる冒険』(1985)에서 이미 類型化된「みたいに見える」의 형식, 동시에 4-119 이하에 보이는「みたいに思える」「みたいに聞こえる」「みたいな気がする」와 같은 것들도 이 時期의 慣用的인 표현 형식으로 定着된 것으로 보인다.

　특히 村上春樹의 작품 속에서「みたいじゃない?」의 使用例가 현저하게 증가했음을 확인할 수 있는데, 이와 같은 현상은 단독으로 사용되는「みたいだ」의 등장과 배경을 같이하는 것으로 설명될 수 있을 것이다. 즉,「様態」의「みたいだ」에「じゃない?」와 같은 상대방에게 同意를 구하는 形式을 덧붙인다는 것은 断定이나 자기주장을 피하고자 하는 의도가 작용하고 있다고 볼 수 있으며, 이것은 단독으로 사용된 4-86이나 4-93, 4-102의「みたいだ」와 공통된 언어 심리를 배경으로 하고 있다고 할 수 있을 것이다. 이와 같은「みたいだ」의 용법으로부터「トカ弁」의「みたいだ」가 등장할 수 있는 기반이 조성된 것이 아닌가 생각된다.

2.4.1.12. 『テニスボーイの憂鬱』

村上竜[42]의 『テニスボーイの憂鬱』(1987, 昭62年)에서는 도합 178例의 「みたいだ」가 확인된다. 이 가운데 「用言 + みたいだ」의 形式은 32例, 「体言 + みたいだ」는 168例이다. 여기에서는 무엇보다도 「みたいだ」의 用例가 현저하게 증가하고 있음을 알 수 있다. 그 구체적인 使用例에 있어서도 村上春樹의 작품 속에서 보였던 단독으로 쓰이는 「みたいだ」나 「みたいじゃない?」의 형식이 多用되고 있으며 「体言 + みたいだ」에 「だろう」가 접속된 형태도 빈번히 사용되고 있음을 확인할 수 있다.

4-124. 「だって全然芝居がかってないんだぜ、もう青木さんとは寝ない、てさ、おはよ、みたいな感じで言うんだもん、こたえたなあ、こたえるよキジマさん、なんでかな？」
　　　　　　(テニスボーイの憂鬱(下)、青木→キジマさん、昭62年)
4-125. 「なんだか、いやだわ」
　　　　「どうして？」
　　　　「筋肉女みたいじゃない？」
　　　　　　(テニスボーイの憂鬱(下)、女→青木、昭62年)
4-126. 「それどういう意味よ、僕がまるで知恵遅れそのものみたいじゃない？」
　　　　　　(テニスボーイの憂鬱(下)、キジマさん→青木、昭62年)
4-127. 「ほらみろ、電話なんて逆効果じゃないか、なんか俺がバカみたいじゃないか。」
　　　　　　(テニスボーイの憂鬱(上)、地文、昭62年)
4-128. 「店の窓からは外国人向けホテルのネオンが見えて、ここニューヨークみたいでしょう？」

---
[42] 1952年(昭27年) 長埼縣 佐世保 出生. 1976年 문단 데뷔.

(テニスボーイの憂欝(上)、地文、昭62年)

지금까지 살펴본 昭和 後期(1946-1988)에 있어서 助動詞「みたいだ」의 사용 양상을 종합해 보면 다음과 같이 정리할 수 있다.

〈표 20〉昭和 後期(1946-1988)의「みたいだ」

品詞＼作品	動詞					形容詞				形容動詞				名詞				
	みたいに	みたいな	みたいで	みたいだ	みたいだろう	みたいに	みたいな	みたいで	みたいだ	みたいに	みたいな	みたいで	みたいだ	みたいに	みたいな	みたいで	みたいだ	みたいだろう
斜陽	5	4		2		1			1					19	22	2	3	1
人間失格	5	6				1	1			1				5	21		3	
山の音														4	1	2	1	1	1
仮面の告白									1						8		2		1
復員殺人事件														7	13		1	
金錢無情	3	1	1											8	8	1	2	
われらの時代	2			5										9	6		2	1
瘋癲老人日記	1	1	1	1										3	4			
午後の曳航				1										5	6		1	
笹まくら	6	4		8		2			3					8	21	3	4	1
岬	1	1												7	11		1	1
五月巡歴	3	5	1	12					3				3	6	10	1	3	
裏聲で歌へ君が代	3	4		11	1			1	5				1	8	35	1	7	9
羊をめぐる冒險(上下)	20	2	1	5					4				1	47	16		8	3
テニスボーイの憂鬱(上下)	4	7		10			2		3				5	31	67	1	23	13	1
ノルウェイの森(上下)	36	8	9	24		2			3					56	44		17	3	2
ダンス・ダンス・ダンス	67	16	2	28		1			10		1		1	84	53	1	43	12
합계	156	59	16	107	1	7	3	1	33	1	1	0	11	307	346	12	118	47	6

昭和 後期에서는 무엇보다도「みたようだ」가 자취를 감추고「みたいだ」의 사용 빈도가 현저하게 증가되었음을 알 수 있다. 또한 前 時期에서는 상대적으로 젊은 여성들이 많이 使用했던「みたいだ」가 이 時期에 이르면 남녀 구별 없이 10대에서 老年層까지 사용하고 있음이 확인된다.

「みたいだ」의 사용에 있어서도「体言 + みたいだ」가 대부분이었던 大正・昭和 前期와 비교하면「用言 + みたいだ」의 형태가 크게 증가했음을 지적할 수 있다.「用言 + みたいだ」의 형태에 있어서도「動詞 + みたいだ」뿐만이 아니라「形容詞 + みたいだ」의 용례도 사용되고 있다.

또한「体言 + みたいだ」에 推量의「だろう」가 접속된「みたいでしょう?」가 나타나며,「用言 + みたいだ」의 경우에도「形容詞 + みたいだ」에는 推量의「だろう」가 접속되고 있음을 확인할 수 있었다.

그러나 무엇보다 이 時期의「みたいだ」의 특징으로는 다음과 같은 단독으로 사용되는「みたいだ」의 등장을 들 수 있을 것이다.

「課長待ちでね。」
「そうか。」用心深く杉人は答えた。
「人事に呼ばれたのだろ?」
「——みたいね。」(五月巡歴、1977年)

「自然現象ですか?」
「みたいなものですね。どうもそんな気がする」
(裏声で歌へ君が代, 1982年)

「とにかくね、うちの家族ってみんなちょっと変ってるのよ。どこか少しずつずれてんの」

「みたいだね」　　　　　　　　　　　　（ノルウェイの森(上), 1987年)

「あなたもだんだん世の中のしくみがわかってきたみたいじゃない。」
「みたいですね」　　　　　　　　　　　（ノルウェイの森(下), 1987年)

 이것은 앞에서도 언급한 바와 같이 斷定이나 자기주장을 피하고자 하는 전통적인 일본인의 언어 심리가「みたいだ」와 결합한 결과, 등장한「みたいだ」의 새로운 형태로 해석할 수 있을 것이다. 이와 같은 언어 심리의 延長線上에 나타나는 것이「樣態」의「みたいだ」에「じゃない?」를 접속시킨「みたいじゃない?」와 같은 형태라고 생각된다. 그리고 이와 같은 경향은「トカ弁」의「みたいだ」에 의해서 증폭되고 있다고 말할 수 있을 것이다. 따라서 같은 昭和 後期라고 해도 이와 같은 형태가 등장하는 70年代 末은「みたいだ」의 質的 變化를 가져온 分岐点으로 자리매김할 수 있을 것이다.

2.4.2. 学習書의「みたいだ」

 「みたいだ」의 使用이 一般化된 이 時期에 있어서는 Essential Japanese(1962, 昭37年),『新訂 新しい国語』(1968, 昭43年),『文法Ⅱ 教師用日本語教育ハンドブック』(1982, 昭57年) 등의 3種의 学習書를 관찰의 대상으로 삼고자 한다.

2.4.2.1. Essential Japanese(1962, 昭37年)
副題는 An Introduction to the Standard Colloquial Language.

副題에서 알 수 있듯이 現代 口語에 대한 入門書的인 学習書이다. 1962年刊, Martin(Samuel E. Martin)著. Martin은 Yale大에서 極東 言語学(Far Eastern Linguistics)을 강의했던 日本語学者이다.

Essential Japanese(1962)는 戰後 北美 地域에서 가장 널리 사용된 日本語 学習書 가운데 하나로 기억할 수 있을 것이다. 1954年 初版이 발간된 이래 1987年까지 3版 23刷의 발행 부수를 기록하고 있다. 여기에서 사용하고자 한 것은 1962年에 발간된 3 版本이다.

이 책이 외국인 학습자를 위한 現代 日本語에 대한 入門書的인 성격을 가지고 있다는 점에 대해서는 앞에서도 언급한 바와 같으나, 調査의 対象이 되어 있는「みたいだ」에 관련된 記述은 다음과 같은「Yo(よう)」項目에서 찾아볼 수 있다.

- **YO.** The copular noun yo, which is always followed by some form of the copula(da, na, desu, etc.) or by the particle ni, has the meaning 'appearance, state, shape, way' There are several uses of this word and these are summarized here:

(1) A noun phrase+<u>no+yo</u>+the copula means something is LIKE the noun phrase —it IS (or HAS) the APPERANCE of the noun phrase:

*Koko wa Amerika no <u>yo desu</u>.(…A. **mitai desu**.)*
(This place is like America (or seems to be America).)
*Shizuka de kirei na <u>yo na</u> (kirei **mitaina**) tokoro desu.*
(It's a place that seems to be quiet and nice.)

(2) A noun phrase+<u>no</u>+<u>yo</u>+<u>ni</u> means IN A WAY LIKE the noun phrase, IN A MANNER LIKE the noun phrase.

*Nihonjin no <u>yo ni</u> (or N. **mitai ni**) hanashimasu.*
(He talks like a Japanese.)
Ginko no <u>yo ni</u> miemashita. (It looked like a bank.)
Kodamo no <u>yo ni</u> nakidashimashita. (He burst into tears like a child.)

(3) A modifying phrase+<u>yo</u>+the copula means it APPERS or SEEMS that the phrase is so. When this entire expression is followed by some noun or noun phrase (the copula then appearing in the na, of course) the meaning is something like'[the noun] which seems to be of a sort that [the phrase] is so'.

Musume wa naite iru <u>yo desu</u>. (The girl seems to be crying.)
*Ashita kuru <u>yo</u> (or **kuru mitai**) desu ga…*
(He seems to be coming tomorrow, but…)

위와 같은 기술에서 살펴볼 수 있듯이 Essential Japanese에서는 「ようだ」와 함께 「みたいだ」를 提示함으로써, 오늘날과 같이 「ようだ」의 口語形으로서 「みたいだ」를 認識하고 있음을 확인할 수 있다. 또한 (1)(2)와 같은 「樣態」의 「みたいだ」뿐만 아니라 (3)과 같은 「推量」의 「みたいだ」가 사용될 수 있음을 보여줌으로써 기본적으로 오늘날과 같은 「みたいだ」의 意味・機能을 모두 소화하고 있음이 주목된다. 이것은 이 時期에는 이미 「推量」의 「みたいだ」가 定着되어 이것이 規範的인 表

現 形式으로 認識되기에 이르렀음을 알려주는 현상으로 해석할 수 있을 것이다. 만약 그렇다면「推量」의「みたいだ」는 戰後 15年間에 걸쳐 급속히 勢力을 확산해 갔다고 指摘할 수 있을 것이다.

2.4.2.2.『新訂 新しい国語』(1968, 昭43年)

여기에서는 Essential Japanese(1962)와 비슷한 時期에 있어서 日本 国内의 教科書는 어떠한 様相을 보이고 있는가를 살펴보기 위해『新訂 新しい国語』를 資料로 이용해 보고자 한다. 이 책은 時枝誠記와 成瀬正勝에 의해 제작된 것으로 1968年(昭43年)에 東京書籍株式会社에서 刊行된 당시의 대표적인 日本語 教科書라고 할 수 있다.

調査의 결과를 아래에 表로 제시하면 이 時期의 教科書에 보이는 使用 様相은 다음과 같이 정리할 수 있다.

〈표 21〉『新訂 新しい国語』의 使用 例

語 卷數	やうに	やうな	やうで	やうだ	らしい	らしく	みたいに	みたいな	みたいだ	みたい
1(上)		1								
1(下)	3									
2(上)	3	5		1				1		1
2(下)	7	4		2						
3(下)	16	12		2					1	
4(上)	13	9		2	1					
4(下)	10	8		3	1			1		
5(上)	10	20		4	4					
5(下)	10	12		6	7	1				
計	72	71	0	30	12	2	0	2	1	1

표23에서도 알 수 있듯이 表現의 主流는 「ようだ」가 담당하고 있으면서도 「みたいだ」의 使用 例가 등장하고 있음을 확인할 수 있다. 여기에 등장하고 있는 4例의 「みたいだ」를 옮겨보면 다음과 같다.

  ○ いやな さぶちゃん。まるで まぬけな くま <u>みたいな</u> 声を 出して。
      (2年＜上＞、P36)
  ○ おとうさん。バタフライのきょうそう<u>みたいだ</u>ね。(3年＜下＞、P7)
  ○ まあ、こわい。まるで ほんとの くま<u>みたい</u>よ。(2年＜上＞、P36)
  ○ ごんは、のび上がって見ました。
      兵十が、白いかみしもをつけて、いはいをささげています。
      いつもは、赤いさつまいも<u>みたいな</u>元気のいい顔が、きょうは、なんだかしおれていました。   (4年＜下＞、P120)

위와 같은 用例에서 指摘할 수 있는 것은 예상보다 「みたいだ」의 使用例가 많지 않다는 점, 그리고 이들 用例도 모두 「様態」의 「みたいだ」로 「推量」의 그것은 보이지 않는다는 점일 것이다. 이와 같은 現象은 国語(日本語) 教科書의 規範性이 外国語 教材로서의 規範性보다 한층 강화된 형태였기 때문으로 해석할 수 있지 않을까 생각된다. 이 時期에는 이미 「推量」의 「みたいだ」가 定着 段階에 있었던 것으로 판단되기 때문이다.

2.4.2.3. 『文法Ⅱ 教師用日本語教育ハンドブック』(1982, 昭57年)

여기에서는 이 時期의 또 하나의 調査 対象으로서 1982年에 간행된 『文法Ⅱ 教師用日本語教育ハンドブック』을 살펴보고자 한다. 주지하는 바와 같이 이 책은 国際交流基金에서 海外의 日本語教育을 위하여

年次的으로 발간하고 있는 日本語 文法 学習書이다. 또한 이것은 海外의 日本語 教育을 목적으로 발간되었다는 점에서 앞에서 살핀『日本語表現文典』(1944)과 좋은 対照를 이룰 수 있을 것으로 생각된다.

이 책에서는 무엇보다도「みたいだ」에 관련된 기술을「比況を表す言い方」와「推量・推定・推測などを表す言い方」로 나누어서 설명하고 있다는 점에서『日本語表現文典』과의 類似性을 발견할 수 있다. 하지만 그 구체적인 내용에 있어서는 현격한 차이점을 보이고 있다고 해야 할 것이다. 예를 들어「比況を表す言い方」에서는「ようだ みたいだ ごとき・ごとく」를 주된 表現 形式으로 提示하고 있어「みたいだ」를「ようだ」에 종속된 형태로 보지 않고 하나의 독립된 팩터로 취급하고 있다는 점이 주목된다. 또한 다음과 같은「みたいだ」의 用例를 例示하고 그에 대한 설명을 첨부하고 있다.

① 泣きはらして、兎みたいな赤い目をしている。
② 合格の知らせを受けて、子供みたいにはしゃぎ回る。
③ 彼の字は子供が書いたみたいだ。
④ 一面に霧がおりて、まるで雪が降ったみたいだ。

①～④の「みたいだ」は、その様子や状態を何かにたとえて表す場合に用いられる。上のように、「ようだ」に照応して、口頭語的な、くだけた表現では、この「みたいだ」を用いることができるのだが、「ようだ」を用いた比喩として形式が固定化した用法には、「みたいだ」に置きかえると不自然な表現になるものも多い。特に、「みたいだ」の口頭語的な性格からして、文章語的な表現として用いられているものは、「みたいだ」に置きかえないのが普通である。

여기에서는 무엇보다도 「様態」를 나타내는 「用言 + みたいだ」에 시민권을 부여하고 있다는 점에서 『日本語表現文典』의 태도와는 크게 다른 점을 지적할 수 있을 것이다. 또한 「みたいだ」의 口語性을 강조하면서도 치환될 수 없는 경우를 언급하고 있어 從來의 記述보다는 일보 진전된 모습을 엿볼 수 있다.

한편 「推量・推定・推測などを表す言い方」에 있어서는 「だろう・でしょう う・よう まい かもしれない らしい ようだ みたいだ」등을 주된 表現 形式으로 提示하고 있어 여기에서도 「みたいだ」를 독립된 요소로 취급하고 있음을 알 수 있다. 또한 그 用例에 있어서도, 다음과 같이 「用言 + みたいだ」의 形式뿐만 아니라 「体言 + みたいだ」의 형식도 가능함을 제시하는 등, 이제까지의 어느 学習書보다도 「みたいだ」에 대한 記述이 적극적임을 쉽게 확인할 수 있다.

① 雨がまた降りだしたみたいだよ。
② どうやら、あの眼鏡をかけた人が田中君の妹みたいだね。
③ 彼は本当に何も知らないみたいだった。
④ どうも、あの男にだまされたみたいな気がする。
⑤ 彼も最近は一生懸命勉強しているみたいです。
⑥ あのお客さんは魚はきらいみたいだから、何かほかのものにしたほうがいい。

「みたいだ」は、一般にくだけた、日常的な話しことばで用いられるものであり、「ようだ」と意味・用法はほぼ同じである。つまり、きわめて主観的な判断にもとづく推測を表すのに、「ようだ」と同様に用いられるものである。

이것은 이미 80年代에 접어들어「みたいだ」의 言語 位相이 크게 변했음을 반영한 결과일 것이다. 이와 같은 점에서『文法Ⅱ 教師用日本語教育ハンドブック』(1982)은「みたいだ」의 展開 過程을 생각함에 있어서 유력한 資料가 될 수 있을 것으로 생각된다.

2.4.3. 辞典의「みたいだ」

이 時期의 辞典에 있어서「みたいだ」의 記述은 그 어느 時期보다 力動的인 변화를 보여주고 있는 것으로 생각된다. 여기에서는『広辞林』(1950, 昭25年),『辞海』(1952, 昭27年),『広辞苑』第1版(1955, 昭30年),『新版 広辞林』(1968, 昭43年),『広辞苑』第2版補訂版(1975, 昭50年) 등의 5種의 辞典을 중심으로 調査를 진행하고자 한다.

2.4.3.1.『広辞林』(1950, 昭25年)
1950年刊, 金沢庄三郎 編著. 金沢庄三郎는 본래 朝鮮語学者로, 戰後에 들어 日本語 研究에 힘을 기울인 인물이다.

그런데『広辞林』(1950)에서는「みたいだ」의 표제어를 설정하고 있지 않다. 이것은 앞에서 살펴본『大言海』(1944)에서「みたいだ」의 語項目을 설정하고 있는 점과는 대조적이라 할 수 있을 것이다. 즉 50年代 初期의 사전이 40年代 中期의 사전보다「みたいだ」의 기술에서는 후퇴된 모습을 보여주고 있는 것이다.

50年代라면「様態」의「みたいだ」가 이미 一般化되었고「推量」의「みたいだ」가 定着되기 시작한 段階로 推定되는데, 이와 같은 사실이 아직 辞典에 반영되지 못하고 있음을 보여주는 現象이라 할 수 있을 것

이다.

2.4.3.2. 『辞海』(1952, 昭27年)

1952年刊, 金田一京助 編著. 金田一京助는 본래 アイヌ語 연구자로 괄목할 만한 연구 업적을 가지고 있는 言語学者이다.

이『辞海』(1952)에서도 앞에서 살펴본『広辞林』과 마찬가지로「みたいだ」의 표제어는 설정되어 있지 않았다.『広辞林』(1950, 昭25年)과 時期的으로 2年정도 차이가 있기 때문에 그 이유에 대해서는『広辞林』에 있어서와 마찬가지로「みたいだ」의 認知度에서 찾을 수 있을 것으로 생각된다. 그 만큼「みたいだ」는 50年代 初까지만 해도 正常的인 표현 형식으로 인식되고 있지는 않았던 것으로 보아야 할 것이다.

2.4.3.3. 『広辞苑』 第1版(1955, 昭30年)

1955年刊, 신新村出著. 주지하는 바와 같이『広辞苑』은 오늘날 日本을 대표하는 国語 辞典이다. 1955年에 初版이 발간된 이래 현재 第5版이 발행된 가장 大衆的인 国語 辞典이라고 할 수 있을 것이다. 55年의 初版에서는 다음과 같이「みたいだ」의 語幹形을 표제어로 제시하고 있어 주목을 끈다.

> みたい(みたよう)の転。ようだ。馬鹿—

이것은 体言에 연결되는「様態」의「みたいだ」에 한정되어 있으나『大言海』(1944)에서「みたいな」의 語項目이 보인 후 처음으로 등장한「みたいだ」의 표제어로서 그 意義를 찾아볼 수 있을 것이다. 이『広辞苑』에서의 「みたいだ」의 등장 이래 日本의 国語 辞典에 있어서는 「みたいだ」를 적극적으로 記述해 가는 態度를 보이게 된다.

2.4.3.4. 『新版 広辞林』(1968, 昭43年)

1968年刊, 金沢圧三郎 編著. 앞에서 언급한 『広辞林』(1950)에서는 「みたいだ」의 표제어를 설정하고 있지 않았지만, 『新版 広辞林』(1968)에서는 다음과 같은 「みたいだ」의 語項目을 확인할 수 있다.

> みたいだ(助動)(体言、または動詞の連体形につく。形容動詞型に活用するが普通には連用形「みたいで」「みたいに」、終止形「みたいだ」、連体形「みたいな」が多く用いられる) ◆ごとし。ある事物が他の事物に似ているという意味を表す。「あの雲は羊―」◆(連体形で)例示を用いる。「彼が君ミタイナ活動的な青年なら頼もしいがね」◆不確かな、また婉曲(エンキョク)な断定、時には推定の意味を表す。「かぜをひいた―」◆語幹の用法。①単独で用いられる。「まるで夢ミタイ」②「です」をつけて、丁寧な表現をする。「彼はなまけ者ミタイですが、成績は悪くありません」

위의 記事에서 알 수 있듯이 『新版 広辞林』에서의 「みたいだ」에 대한 記述은 종래의 日本語 辞典에 비하여 크게 진전된 모습을 보여주고 있는 것으로 평가할 수 있을 것이다. 먼저 여기에서 「様態」의 「みたいだ」뿐만 아니라 「推量」의 「みたいだ」를 「みたいだ」의 意味・機能의 하나로서 취급하고 있는 점은 特記할 변화로서 注目된다. 또한 이 『新版 広辞林』이르러 連体形이나 語幹이 아닌 비로소 活用形을 갖춘 온전한 「みたいだ」가 표제어로 提示되고 있다는 점도 주목해야 할 것이다.

60년대는 Essential Japanese(1962)에서도 확인한 바와 같이 「推量」의 「みたいだ」가 一般化된 時期이며, 이와 같은 「みたいだ」의 질적 변화가 『新版 広辞林』(1968)에서 적극적으로 채택된 것으로 해석할 수 있을 것이다.

2.4.3.5. 『広辞苑』第2版補訂版(1975, 昭50年)

『新版 広辞林』(1968)과 함께 「みたいだ」의 기술에 주목되는 변화를 보이고 있는 것으로 1975년에 간행된 第2版補訂版 『広辞苑』이 있다. 『広辞苑』第1版(1955)에서는 「みたいだ」의 意味・機能이 「様態」로만 한정되었지만 여기에서는 「みたいだ」에 대한 記述이 상세해지고, 「推量」을 나타내는 意味와 用例도 등장하고 있다. 해당 記事를 転載하면 다음과 같다.

> みたい(ミタヨウ(見た様)の転、またはミタテイ(見た底)の約か。体言や活用語の連体形につく)①類似のもの、または具体例を示す。…のよう。「彼女は男―だ」「彼―な男」②不確かな判断や推定をあらわし、また婉曲な言い方にもなる。…らしい。「外は雨が降っている―だ」

위의 記述에서 알 수 있듯이 「体言や活用語の連体形について類似」를 나타냄과 동시에 「不確かな判断や推定」을 나타내는 用法을 제시하고 있는 것이다. 이와 같은 現象은 『新版 広辞林』(1968)에서의 記述 態度와 유사한 경향으로 처리할 수 있을 것이다. 따라서 1960年代를 前後로 「推量」의 「みたいだ」가 日常의 言語 生活 속에 깊이 침투했다고 결론지을 수 있을 것이다.

2.4.4. 결과의 분석

昭和 後期에서는 무엇보다도「みたようだ」가 자취를 감추고「みたいだ」의 사용 빈도가 현저하게 증가되었음을 알 수 있다. 또한 前 時期에서는 상대적으로 젊은 여성들이 多用했던「みたいだ」가 이 時期에 이르면 남녀 구별 없이 10대에서 老年層까지 널리 사용하고 있음이 확인된다. 그러나 무엇보다 이 時期의「みたいだ」의 특징으로는「用言 + みたいだ」의 일반화와 더불어 단독으로 사용되는「みたいだ」의 등장을 들 수 있을 것이다.

이것은 결국 斷定이나 자기주장을 피하고자 하는 전통적인 일본인의 언어 심리가「みたいだ」와 결합한 결과 등장한「みたいだ」의 새로운 형태로 해석할 수 있을 것이다. 이와 같은 언어 심리의 延長線上에 나타나는 것이「樣態」의「みたいだ」에「じゃない?」를 접속시킨「みたいじゃない?」의 형식이 多用된 것으로 보인다. 그리고 이와 같은 경향은 젊은이들이 사용하는 口語의 세계에 있어서「ぼかし言葉」나「トカ弁」의「みたいだ」에 의해서 증폭되고 있다고 말할 수 있을 것이다. 따라서 같은 昭和 後期라고 해도 이와 같은 형태가 등장하는 80년대는「みたいだ」의 質的 變化를 가져온 分岐点으로 자리 매김할 수 있을 것이다.

「みたいだ」가 学習書의 전면에 등장하게 된 것은 戦後, 昭和 後期에 들어서부터이며, 이때는 教科書에 있어서도「みたいだ」의 使用 例를 찾아볼 수 있게 된다. 특히, 80年代의『文法Ⅱ 教師用日本語教育ハンドブック』에서는「みたいだ」를 독립된 항목으로 설정하고,「樣態(比況)」과「推量」의「みたいだ」에 시민권을 부여하고 있어「みたいだ」에 대한 認識의 전환이 이루어진 것을 확인할 수 있다. 이 80年代는 문학 작품 속에서도 「みたいだ」의 使用 頻度가 급격히 증가함과 동시에 「斷定 回避」와 같은 표현 기능이 一般化되어 가던 時期이다. 그리고 이와 같은 実生活에 있어서 「みたいだ」의 「斷定 回避」가 学習書에 반영된 모습을 平成 期의 『文法Ⅱ 教師用日本語教育ハンドブック』에서 확인할 수 있었다. 이와 같은 점에서 学習書의 記事는 文学 作品 속의 言語 現実을 검증하는 데 있어서 유효한 수단이 될 수 있다는 점을 확인할 수 있었다고 생각한다.

이와 같은 「みたいだ」에 대한 記述 態度가 극적으로 바뀌는 것은 戰後, 昭和 後期에 들어서부터이다. 즉 50年代의 『広辞苑』에는 단지 「みたい(みたよう)の転。ようだ。馬鹿—」라고만 記述되던 것이 70年代의 『広辞苑』에 이르러서는 「みたい(ミタヨウ(見た様)の転、またはミタテイ(見た底)の約か。体言や活用語の連体形につく)①類似のもの、または具体例を示す。…のよう。「彼女は男—だ」「彼—な男」②不確かな判断や推定をあらわし、また婉曲な言い方にもなる。…らしい。「外は雨が降っている—だ」」와 같이 「推量」의 「みたいだ」까지 記述되기에 이르는 것이다. 동일한 현상은 『広辞林』(1950)과 『新版 広辞林』(1968) 사이에서도 확인할 수 있었다.

이와 같이 日本語 辞典을 통해서 「みたいだ」의 展開 過程을 추적해 보았을 때, 「みたいだ」의 질적 변화는 대략 7・80年代에는 완료된 것으로 推定된다.

2.5. 平成期 以後(1989年 以後)

2.5.1. 文学 作品의「みたいだ」

　平成期의 일본어는 새삼스럽게 언급할 필요도 없이 現時点에 사용되고 있는 일본어를 가리킨다. 本 研究에서 昭和 後期와 平成期를 구분하고자 한 것은 특히 最近의 일본어에 있어서 다음과 같은 現象이 지적되고 있기 때문이다.

　　「ってゆうか、一応、あたし的には、避けてる系かな、<u>みたいな感じ</u>だし」

　위의 用例는 最近 젊은이들 사이에 유행하고 있는 말투를 集約한 것으로 이러한 現象은 흔히「ぼかし言葉」[43]나「とか弁」이란 용어로 표현되고 있다. 즉, 위의 用例에서 보면「っていうか」로 상대방의 의견을 정면으로 부정하지 않으면서 부드럽게 받은 후,「的」「系」「みたいな」와 같은 말로 断定的인 표현을 피하고 있는 것이 이러한 말투의 특징이다. 이와 같이 젊은 층의 전형적인 언어로 정착되어 가고 있는「ぼかし言葉」에 대해서 다음과 같은 5가지의 패턴이 있는 것으로 알려져 있다.[44]

---

43)「コーヒーのほうはいかがですか」
　「ご注文のほうはおそろいですか」
　「ちょっと町のほうまで行って來ます」등, 사물이나 장소를 특정지우지 않고 막연하고 애매하게 나타내는 표현으로 橫浜國大의 門倉正美教授(日本語教育)는「多くの事柄は嚴密には程度をはかれないものだし、人間關係においてはある程度の大まかさも必要で、あいまい表現は、ゆとりと柔軟性をもたらす」라고 언급하고 있다.(橋本五郎, 2001 p.16-17)

① 「お荷物のほう、お預かりします。」(「お荷物、お預かりします。」)
② 「鈴木さんと話とかしてました。」(「鈴木さんと話をしてました。」)
③ 「わたし的にはそう思います。」(「わたしはそう思います。」)
④ 「とても良かったな、みたいな…」(「とても良かったな。」)
⑤ 「やっぱり帰ることにします、うん。」(「やっぱり帰ることにします。」)

이들 표현 수법은 모두 표현의 애매성을 媒介로 상대에 대한 배려 내지는 부드러운 표현의 의미로 사용되고 있다고 할 것이다. 따라서 현대 일본어에 보이는 이와 같은 경향 속에서「みたいだ」의 使用 樣相이 어떻게 나타나고 있는가는 한 번쯤 검증해 볼 필요가 있을 것이다. 이와 같은 배경에서 昭和 後期와 平成期를 구분하여 살펴보고자 했으며, 여기에서 다루고자 하는 平成期(1989-1998)의 分析 對象 作品은 다음과 같다. 〈표23〉은 단정회피의 의미로 사용되는「、みたいだ」와 같은 용례를 중심으로 하는 작품을 대상으로 한다.

〈표 22〉平成期(1989-1998)의 分析 對象 作品

작 가	작 품	연 도
山田詠美	放課後の音符	平1(1989)
吉本ばなな	白河夜船	平1(1989)
山田詠美	トラッシュ	平3(1991)
吉本ばなな	NP	平4(1992)
吉本ばなな	アムリタ(上下)	平5(1993)

---

44) 文化廳「國語に關する世論調査」2000. 參照.

〈표 23〉 平成 期(2000以後)의 分析 對象 作品

작가	작품	출판년도
町田康	夫婦茶碗	平13(2001)
町田康	告白	平16(2004)
町田康	淨土	平17(2005)
町田康	正直じゃいけん	平18(2006)
川上弘美	いとしい	平12(2000)
川上弘美	古道具 中野商店	平17(2005)
藤堂志津子	夜のかけら	平13(2001)
藤堂志津子	ひとりぐらし	平14(2002)
吉本隆明	讀書の方法 なにを、どう讀むか	平13(2001)
吉本隆明	眞贋	平19(2007)
菊谷匡祐	開高健のいる風景	平14(2002)
小谷野敦	評論家入門	平16(2004)
絲山秋子	ニート	平17(2005)
絲山秋子	豚キムチにジンクスはあるのか	平19(2007)
古沢嘉通(訳)	ベスト・アメリカン・ミステリ ジュークボックス・キング	平17(2005)
森繪都	アーモンド入りチョコレートのワルツ	平17(2005)
村上春樹	東京奇譚集	平17(2005)
村上春樹	ある編集者の生と死、文芸春秋	平18(2006)
古川日出男	ベルカ、吠えないのか?	平17(2005)
山本一郎	中國の大経濟	平17(2005)
鹿島茂	オール・アバウト・セックス	平17(2005)
鹿島茂vs井上章一	ぼくたち、Hを勉強しています	平18(2006)
伏木享	人間は腦で食べている	平17(2005)
山本一郎	「俺樣國家」中國の大経濟	平17(2005)
村山由佳	星々の舟	平18(2006)
リリー・フランキー	東京タワー	平18(2006)
畠山重薦	牡蠣礼贊	平18(2006)
丸谷才一	海坂藩の釣り、文芸春秋	平17(2005)
高橋春男	大日本中流小市民、サンデー毎日	平18(2006)
さかもと未明	中國のここが嫌い、週刊文春	平18(2006)
竹内久美子	ズバリ、答えましょう、週刊文春	平18(2006)
大石靜	マリコのここまで聞いていいのかな、週刊朝日	平18(2006)
齋藤美奈子	文芸予報、週刊朝日	平18(2006)
小島信夫	殘光、新潮	平18(2006)

2.5.1.1. 『放課後の音符』『トラッシュ』

山田詠美[45]의 작품『放課後の音符』(1989, 平1年)와『トラッシュ』(1991, 平3年)에서는 각각 44예와 135예의「みたいだ」가 확인된다. 이 가운데『放課後の音符』에서는「用言 + みたいだ」의 形式 12예,「体言 + みたいだ」32예이며,『トラッシュ』에서는「用言 + みたいだ」42예,「体言 + みたいだ」93예를 확인할 수 있다.

    5-01.「なんだか、雅美、あっという間に、私より進んじゃった<u>みたい</u>」
                                               (放課後の音符、私→雅美、平1年)
    5-02.「やだ。動物<u>みたい</u>じゃん、それって」
                                                 (放課後の音符、ユリ→私、平1年)
    5-03.「だって、これって、まるで肉食人種の会話<u>みたい</u>じゃない?」
                                                 (放課後の音符、地文、平1年)
    5-04.「それじゃあ、眠り病にかかる<u>みたい</u>じゃないか」
                                                 (トラッシュ、リック→ココ、平3年)
    5-05.「でも、きみのこと好き<u>みたい</u>じゃないか」
                                               (トラッシュ、グレゴリ→ココ、平3年)
    5-06.「ずい分と年上<u>みたい</u>じゃない?」
                                                 (トラッシュ、ココ→ダリル、平3年)
    5-07.「それじゃあ、眠り病にかかる<u>みたい</u>じゃないか」
                                               (トラッシュ、ココ→リック、平1年)
    5-08.「あんな小さな子供とまともに喧嘩するなんて、まるで、私<u>みたい</u>じゃないの」   (トラッシュ、地文、平3年)

위의 用例에서 엿볼 수 있듯이「〜じゃったみたい」가 등장함과 함께

---

45) 1959年(昭34年) 東京 出生. 明治大学 文学部 중퇴. 1985年 문단 데뷔.

「みたいじゃないか?」의 형식이 多用되고 있음을 주목할 수 있는데, 이것은 前 時期의 村上春樹의 작품 속에서 볼 수 있었던 様相과 큰 차이가 없다고 할 수 있을 것이다.

2.5.1.2. 『白河夜船』『NP』『アムリタ』

吉本バナナ[46])의 작품 『白河夜船』(1989, 平1年), 『NP』(1992, 平4年), 『アムリタ』(1993, 平5年)을 살펴본 결과, 전체 329例 가운데 「用言 + みたいだ」形式 97例, 「体言 + みたいだ」形式 60例의 使用을 확인할 수 있었다.

> 5-09. 「奥さんのことはあまり話したがらないけど、やっぱり、親族のことで大変みたいだし、病院にもずいぶん行っているみたい。でも、平気なの、全然。」
> (白河夜船、私→しおり、平1年)
>
> 5-10. 「顔色がとても悪いみたい。」(白河夜船、女の子→私、平1年)
>
> 5-11. 「人間って落ち込みはじめると、きりがないみたいね。……まあ、家の中が大変だったみたいだから仕方がない。」
> (白河夜船、研一→私、平1年)
>
> 5-12. 「うん、そうみたい。会えて嬉しかったみたい。」
> (白河夜船、私→田中、平1年)
>
> 5-13. 「そう、お父さんは日本の女が好きだったみたい。母は向こうに住んでて、とっくに消息は分からなくなってるけど、日本人よ。」　　(NP<下>、箕輪→私、平4年)
>
> 5-14. 「心中しようっていう言葉が喉元まで出ていた。お互いにずっとそのこと考えてたんだ。はたから見るとばかみたいだろうけ

---
46) 1964年(昭39年) 東京 出生. 日本大学 문예학과 졸업. 1988年 문단 데뷔.

ど、その考えに取りつかれたんだ、いつごろからか。」
(NP、地文、平4年)

5-15.「海はつるつるに光って、まるで舞台のセットの上の1枚の黒い布が滑らかに揺れている<u>みたいに</u>見えた。」
(NP、地文、平4年)

5-16.「だって、咲とも、乙彦とも、私とも、古い知り合い<u>みたいな</u>気がしない?」　　　　(NP、箕輪→私、平4年)

5-17.「ひとりで昼間、こんなところに寝ていると、そして四角天井に映る陽の光を見ていると、何だかずるをして保健室に来ている<u>みたいな</u>気がした。」　(アムリタ下、地文、平5年)

5-18.「メアリーさん、記憶について思うところがあれば話して下さい。私、本当は気にしちゃってる<u>みたいで</u>。」
(アムリタ上、私→メアリーさん、平5年)

5-19.「そうなの。私の彼氏だったひとなんだけど、少し変わってて、由男くんのこと、気に入っちゃった<u>みたい</u>。」
(アムリタ下、きしめん―私→弟、平5年)

5-20.「知らないひとじゃない<u>みたいだ</u>と思った。少し前まで、別々のところで大きくなったはずなのに、そんな気がしない。」
(アムリタ下、地文、平5年)

위의 用例 가운데 5-09～13은 形容詞나 形容動詞에 接續된「みたいだ」이며, 나머지는 村上春樹의 작품 속에서 살펴본 類型化된「みたいだ」의 표현 형식들이다. 예를 들어 5-14는「みたいだ + 推量의 だろう」의 형식, 5-15와 16, 17은「みたいに見える」와「みたいな気がする」의 형식, 5-18, 19와 20은「～ちゃったみたいだ」와「～じゃないみたいだ」의 형식으로 각각 분류할 수 있는 것들이다. 또한『白河夜船』(1989)에서는 다음과 같이 接續助詞에「みたいだ」가 接續된 用例도 1例이긴 하지만

그 使用이 확인된다.

    5-21.「本当はお互いを好きだったから<u>みたい</u>。」
                                           （白河夜船、 私→田中、平1年）

  「みたいだ」의 展開 過程에 있어서 큰 흐름으로 볼 때 平成期의 그것은 1980年代를 전후한 村上春樹나 村上竜의 작품 속에서 볼 수 있는 使用 樣相과 大同小異하다고 할 수 있을 것이다.

  그러나, 斷定 回避의「、みたいだ」가 多用되기 전의 한 현상으로 1980年代에 들어서는「みたいじゃない？」의 使用例가 현저하게 많음을 확인할 수 있다. 이는 양태와 추량의 기능을 가지는 조동사「みたいだ」를 단독으로 사용하지 않고「じゃない？」를 붙여서 청자에게 동의를 일일이 구함으로써 발화시에 수반되는 책임을 청자에게도 부담시켜 같이 공유하려는 의도이다. 따라서 화자의 책임을 軽減 내지는 청자와의 共犯化를 도모하는 의도가 작용하고 있다고 볼 수 있다.

  원래「じゃないですか」의 표현은 인토네이션의 고저에 따라서 다소 의미의 차이는 있지만, 일반적으로 화자와 청자와의 사이에서 지식이나 감정의 공유가 있을 때 사용되어 왔던 용법(「昨日、一緒に行ったじゃないですか」)이 아니라, 상대에게 공감을 공유하기 위한 것으로 이러한 현상은 공감이나 협조를 기반으로 하는 인간 관계를 중시하는 일본인의 커뮤니케이션의 자세가 엿보인다. 그리고 類型化된 형식으로「みたいに見える」,「みたいに思える」,「みたいに聞こえる」,「みたいな気がする」와 같이 자동사와 함께 사용함으로써, 화자가 직접 단정하는 것이 아니라 慣用的인 표현 형식을 취함으로써 화제의 내용을 不特定化하여 대인 관계상 구속력을 낮추고 화자의 단정을 회피하려는 의도를 알 수 있다. 小矢野哲夫47)는 이러한 현상을 1995년도에 주목되는 표현으로「～入ってる」「～系」「～状態」「～みたいな」「～って感じ」「～っぽい」등의 표현이 자주 사용된다고 언급하고 있다. 紫田謙介48)도 젊은 계층의 말이 귀에 거슬리고 불쾌한 것으로「～みたいな」「～って感じ」「～っぽい」와 같은 말투를 지적했다. 또 일반인들 사이에도 다음 신문에 투고되어 있는 것처럼 젊은 계층의 말 가운데「とか」「っていうか」「みたいな」와 같은 말이 1990년대에 들어서 문제시되고 있다고 한다.

社員教育を専門にする東京・高輪のテンポラリーエデュコンサルトも、この春約百社からの依頼を受けた。……インストラクターの長谷川三紀さん(35)は…若者の「とか」弁に、今年も悩まされた。「コピーとか必要ですか？」「会議とかやるんですか？」「みたいな」「というか」「だったりして」なども多い。いずれも、ものごとを断定せずにそれとなくはぐらかす表現。「斜に構えて、相手に真正面から対することをよしとしない若者の心模様がかいま見える」と長谷川さん。「ビジネスではごまかしの言葉は通用しない」といっても、なかなか直らない。複雑な人間関係から逃げる根本が変わらないと直らないと、思っている。　　　　　（読売新聞1993年4月22日付朝刊より）

---

47) 1995年に目った表現で、気づくことがある。「～入ってる」「～系」「～状態」「～みたいな」「～って感じ」「～っぽい」などの表現がよく使われた。これらはすべて広い意味での比喩である。直接的な断定を避けた、婉曲表現である。若者が、相手のことを気遣い、同時に自分に向けられる矛先をかわすために断定的にものを言わないと指摘されることがある。
48) 耳障りな"若者言葉"が氾濫。ここにあげた若者言葉は、一人前の社会人はつかってはならない不愉快な言葉だ。p.126

日本人はイエス・ノーをはっきり言わぬ民族と言われ続けて久しい。若者の間では、この傾向はもっと顕著に見える。言い回しの節々に、相手との対立を避けたがる表現が目立つ。その代表格がイエスの代わりに言う「そうですねぇ」とノーの代わりの「～って言うか」。さらに、俗に「とか弁」と言われる「何々とか」言葉と「～みたいな」「ナンカ」を乱用する。例えば――「親ナンカはそんなアルバイトやめろトカ言う」(でも、仕事には満足してるんだろ?)　「そうですねぇ、って言うか、やっぱり時給がいいからやってる部分が大きい。でもそろそろやめようかなーみたいな」。

(毎日新聞1993年8月25日付朝刊より)

다음은 断定 回避의「、みたいだ」의 사용법이 多用되고있는 것에 의문을 느끼고 있는 독자의 질의에 대한 北原保雄(2004)(『問題な日本語』)의 응답문이다.

　「質問」「…、みたいな。」などの「、みたいな」の用法が気になります。間違いではないでしょうか。

　「答え」最近、「一緒にやろうよ、みたいな話だった」とか、「お前は帰れ、みたいな態度、むかつく。」というように、会話の内容を「みたいな」で受ける言い方がみられます。学校文法では、「みたいだ」は、名詞や活用語の終止形に付くとされますが、この用法は、終助詞「よ」や命令形に接続するので、例外となりそうです。

(北原保雄(2004)『問題な日本語』)

위와 같은「みたいな」의 표현이 사용되기 시작하는 것이 辻大介(1996)[49]는 1993年度라고 지적하고 있다. 언어의 현상을 조사할 경우

현장(필드) 조사와 문헌 조사의 경우, 문헌 조사 쪽의 사용 용례가 발견되는 시기가 늦다는 점을 감안한다면「みたいな」의 사용 시기는 辻大介(1996)가 언급하는 것보다 훨씬 이르다는 것을 알 수 있다.

2.5.1.3.『浄土』『告白』『夫婦茶碗』

町田康50)의 작품『夫婦茶碗』(2001, 平13年),『告白』(2004, 平16年),『浄土』(2005, 平17年)의 작품을 살펴보면,「みたいな」의 사용이 많음은 물론이거니와 斷定 回避의「みたいな」를 확인할 수 있다.

> 5-22. しかし、僕の心の中にはとてつもない疾走感が充満していた。そういうとき、実際の動作はかえって、ゆっくりして。心のスピード感が身体を引っ張っている、<u>みたいな</u>。
>
> (夫婦茶碗、平13年)
>
> 5-23. しかし、このあたりの気どった住人がみんな本音街に行きたいわけではなく、逆に、あんな.ところには絶対行きたくない、と思っている人がほとんどだし、本音街に頻繁に出入りしているということが知れたら、奇妙なひと、<u>みたいに</u>思われるにちがいないから本音街に行くときはいつもこそこそしている。
>
> (浄土、平17年)
>
> 5-24.「ああ、玉出君か。ああ、もうもうもう、いい。君に言ってもしょうがない」<u>みたいな</u>事は温夫は何度も面と向かって言われ

---

49) 若者語의 경우, 예를 들면「っていうか」의 初出은 1992年度、「とか」「みたいな」는 1993年度이며, 最新의 1998年度版에도 여전히 揭出되어 있는 것을 보면, 유행어의 영역을 넘어 젊은이에게는 거의 일반용어로 정착되었다고 할 수 있겠다.

50) 1962年(昭37年), 大阪 出生. 2000年『きれぎれ』로 芥川賞수상. 2002年「權現の踊り子」로 萩原朔太郎賞.

ていた。　　　　　　　　　　　　　（浄土、平17年）

5-25. それをば、にべもなく、「俺、盆踊り嫌いやね」みたいに言ったのだからもう駄目だ。嫌われた。　　（告白、平16年）

5-26. 「好・き」みたいなことになりよんのとちゃうのんかい、ぶわあー、かなんなあ。と、呟いて熊太郎は布団を抱きしめて転げ回った。完全な阿呆である。　　　　　（告白、平16年）

5-27. 「おい、いまの音、聞いたか」
　　　「へぇ、なんや鉄砲みたいな音しましたな」
　　　「みたいなやらへん。あらほんまに鉄砲の音や」（告白、平16年）

5-28. 「こう水分に城戸熊太郎ちゅうもんいてる？」みたいなことはこれは絶対訊くだろう。訊かれた方は特に深い考えもなしに、「おるよ」と答える。　　　　　　　　　（告白、平16年）

5-29. まあ、あの、まあ六月ぐらいからですねぇ、ひどいっていうか、あんまり無茶苦茶な、ちょっとあれが続くものですから、どんなものかなー、って思ったっていうか、まあこんな感じか、いつまで続くんだろうか、みたいなことがちょっとあれだったものですから」　　　（町田康、浄土、平17年）

5-30. 「いまわしは、おい、っていうてへんで。おお、ちゅたんやで。おお。久しぶりやなあ、みたいなね、そんな挨拶。へてから、なにしてん？ちゅたんも咎めてんにやあれへにゃで。」
　　　　　　　　　　　　　　　　　　　　　（告白、平17年）

5-31. 「あほかい」と言ってこれを促し、「近いうちに裏返すわ」「きっとだっせ」みたいな親が聞いたら泣くようなやりとりを妓として、廊下へ出て少し行くと、　　　　　（浄土、平17年）

5-32. もうただ苦労して山道を歩いてるみたいなことになるんですわ。これは現場の巡査も同じことでね、こんなことしてても意味ないなー、みたいな感じになってるんです。
　　　　　　　　　　　　　　　　　　　　　（告白、平16年）

5-22는「みたいな」가 형식적으로 독자적인 형태를 취하지만 비유의 의미를 가지는 예문이라 할 수 있다. 5-23~25는 부정적인 이미지에 대한 책임회피의 의도로서 斷定 回避의「みたいだ」가 사용된 표현이고, 5-25에서는「好きみたいな」처럼 사용하지 않는 현상은 斷定 回避의 의미와는 별개의「好き」를 강조하기 위함일까? 아니면 화자의 모달리티에 관한 쟁점으로 간주되어야할지는 앞으로의 연구 과제가 될 것 같다. 5-27은「鉄砲みたいな音」에 대한 화자의 부정하는 심리를「鉄砲みたいなやらへん」라고 표현하지 않고 완곡한 표현을 사용한다고 볼 수 있고, 다른 관점으로는「へぇ、なんや鉄砲みたいな音しましたな」의 문장을 하나의 명사로 볼 수 있지만 화자의 애매하게 표현하려는 의도는 부정할 수 없다.

5-28~32의 예문은 원래「みたいな」가 가지는 斷定의 의미는 없고, 직접 인용을 회피하는 언어 심리에서「~というふうな」「~というような」「~という」대신에 시용되어진다고 본다.

町田康는 다른 작가들에 비해 斷定 回避의「みたいだ」를 多用하고 있다. 이러한 현상은 大野晋(1991)는 夏目漱石는 물론, 森鴎外, 志賀直哉는「みたようだ(みたいだ)」를 거의 사용하지 않는다고 언급하는 점으로 시대에 따라 정도의 차이는 있지만, 町田康의 斷定 回避의「みたいだ」의 多用 또한 현 시대의 반영이라고 생각된다.

2.5.1.4. 『古道具 中野商店』『いとしい』

川上弘美[51]의『いとしい』(2000, 平12年),『古道具 中野商店』(2005,

---

51) 1956년(昭31年) 東京 出生. お茶の水女子大學 졸업.『虹を踏む』제115회 芥川賞 수상.

平17年)의 용례이다.

5-33. 次はどんな会社に行くの」佐々木さんという、わたしより少しだけ年下の女の子が聞いた。
「コンピューター関係の会社みたいです」
「みたいですって、あいかわらずマイペースねえ、菅沼さんは」佐々木さんは笑った。　　　　（古道具　中野商店、平17年）

5-34. 「オトヒコさんは元気？」かわりに姉に聞いてみた。
「元気みたい」
「みたいって、なによそれ」母が少し声を大きくした。
「げんきげんき」姉は言い直し、目をつぶったり開けたりした。
　　　　　　　　　　　　　　　　　　（いとしい、平12年）

5-35. この気持よさは何かに似ている、と思った。そうだ、ふつかよいの朝、吐く元気もないときに何かの拍子で思わず吐けてしまったとき、みたいだった。　　（古道具　中野商店、平17年）

5-36. 俺だって、やめようと思えばいつでもやめられるんだけど。やめない自由、みたいなものを尊重したいわけ。この歳になると。　　　　　　　　　　　（古道具　中野商店、平17年）

5-37. 「一回ぶんって、セックスの一回ぶん」指を口にふくんだままミドリ子は言ったので、声がくぐもった。
「それは、どういう意味」
「どういう意味って、そういう意味」
「あの、契約、みたいなこと？」
「というわけではないのだけれど」　　　（いとしい、平12年）

5-33과 34의 예문은 「みたいな」은 단정의 의미는 있지만, 「みたいな」의 접속이 체언이나 용언에 접속한다는 사전적 의미와는 별개로 단독의

형식을 취하는 것은 引用句를 명사로 취급하는 경우라고 볼 수 있다. 5-35 「みたいな」가 형식적으로 독자적인 형태를 취하지만 비유의 의미를 가지는 예문이라 할 수 있다. 5-36은 자유라는 무거운 논제를 「、みたいな」를 사용함으로써 내용을 軽量化시키는 역할을 하고 있다고 보여진다. 5-37는 ミドリ子가 チダさん으로 받은 몸값 16만 엔을 1회분에 2만 엔씩 계산하는 ミドリ子와의 대화 장면으로, 단정의 의미는 없으며 직접 언급을 회피하면서 내용을 軽量化시키는 역할을 하고 있다.

2.5.1.5. 『夜のかけら』『ひとりぐらし』,『読書の方法』『眞贋』

藤堂志津子[52]의 『夜のかけら』(2001, 平13年), 『ひとりぐらし』(2002, 平14年)와 吉本隆明[53] 『読書の方法』(2001, 平13年), 『眞贋』(2007, 平19年)의 용례이다.

5-38. 「三十二にもなって親のスネかじりをしている私は、こうも、まっとうな人間からすると目ざわりらしいのです。だから、しょっちゅう、それでいいのか、みたいなことを言われます」
(夜のかけら、平13年)

5-39. 「噂では、この姉さんが、いちばんうるさく良平さんの結婚相手をチェックしているらしい。それこそ、うちの大事な弟の嫁は、そんじょそこらの女じゃだめ、みたいなこと言って。」
(ひとりぐらし、平14年)

5-40. また、女性たちって身のまわりのものに固有名詞をつけて呼ぶ

---

52) 北海道札幌市 出生. 藤女子短期大學 졸업. 「熟れてゆく夏」제100회 直木賞 수상.
53) 1924년(大13年) 東京 出生.『固有時との對話』『言語にとって美とは何かⅠ・Ⅱ』

でしょう。何とかちゃん、みたいに人間でなくても。
(読書の方法、 平13年)
5-41.「生き暮れた旅人です」みたいなことを言って「ごはんを一杯ください」、そのかわりにずっと主婦として、結婚相手として住み込むと言うんです。　　　(読書の方法、 平13年)
5-42.「あんたはいつでも面白くなさそうな顔をして、本を読んではゴロゴロしているようだけど、一体どういうつもりで暮してるんですか」、みたいなことを言うんです。
(明読書の方法、 平13年)
5-43. 贅沢を教えるものだから、このあと一体いくら請求されるんだろう、みたいな感じってありますよね。(笑)
(読書の方法、平13年)

5-38과39에서는 斷定의 意味는 없으며 直接 引用인「～という」「～というような」「～といった」와 같이 直接 引用을 사용하지 않으려는 언어 심리이고, 5-40은 비유의 의미를 가지는 예문으로「、みたいな」가 사용되고 있다. 5-41～43에서도 直接 引用을 회피하려는 언어 심리에서「、みたいな」가 사용되고 있고 5-42에서는「「一体どういうつもりで暮してるんですか」、みたいなことを言うんです」와 같이 명사구 인용과「、みたいな」가 중복되고 있는 것이 특징적이라 할 만하다.

2.5.1.6. 『開高健のいる風景』『評論家入門』『ニート』『豚キムチにジンクスはあるのか』

菊谷匡祐의『開高健のいる風景』(2002, 平14年) 小谷野敦[54]의『評

---
54) 1962년(昭37年) 茨城縣 出生. 東京大學文學部英文科 졸업.『もてない男』(ちくま新書)

論家入門』(2004, 平16年), 糸山秋子55)『ニート』(2005, 平17년)『豚キムチにジンクスはあるのか』(2007, 平19年)의 용례이다.

    5-44. どこへか―言わずとも、わかっていた。ホテルの前の街路樹の美しい広い道を、波止場の方に向かった。ペレンは南緯一度二十三分、ほぼ赤道直下だから、八月は真冬でも日の出も日の入りも六時前後である。東の空はもう明るくなっていて、赤い屋根に白壁の南欧風の家並みがつづく。十分も歩くと、大きな倉庫群がみえてきた。
「あっちやな」
「みたいですね」   (開高健のいる風景、平14年)
    5-45. そして私が高校へ入ったころ、ちょうど長編評論『本居宣長』が刊行されでいた。何やら、この本を読まなければ現代の知識人とは言えない、みたいな雰囲気が、その頃、あった。
                                    (評論家入門、平16年)
    5 46.「探究」と言えばものものしいが、リサーチでは、その辺の結婚相談所が、若い女性の結婚観をリサーチした、みたいな感じになってしまう。一般的には、「研究」のことである。
                                    (評論家入門、平16年)

    5-44는 5-45에서는 당시 화제가 되고 있던『本居宣長』를 읽지 않으면 지식인이라고 할 수 없는 분위기였지만, 그러한 사실을 화자가 직접 언급하려는 것을 회피하려는 언어 심리에서「、みたいな」가 사용되어지고 있다. 5-46은 단정의 의미는 없고 直接 引用을 회피하려는 언어 심

---

55) 1966년(昭41年) 東京 出生. 早稲田大學 졸업.『袋小路の男』제30회 川端康成文學賞,「沖で待つ」제134회 芥川賞 수상.

리로 볼 수 있다.

5-47. 「いやそんなことないよ」
「昔の自分に金を貸したい、みたいな気分なんだよ。こんなこと聞きたくないだろうしなんて言っていいかわかんないんだけどさ、でも現金渡してもイヤだろうと思って」
(ニート、平17年)

5-48. 私も一人じゃそんなとこ行けないからさあ、もう食って風呂、飲んで風呂、ピンポンやって風呂、また食って風呂、んでキミが寝てる間になぜか私は仕事？でも悩みそふやけてる〜、みたいな。どうよ？
(ニート、平17年)

5-49. なんか不吉な星回り、今年から十年間はもういいこと一個もありません、恋愛運も仕事運も金運も全部ダメダメダメ、みたいな味がするじゃありませんか。
(豚キムチにジンクスはあるのか、平19年)

5-50. かりかりの餃子の中にじっくり味のヘナッポと糸ひくチーズの組み合わせ、こりゃあいいや。でも、驚きは少なかったです。なんかこれってイタリアじゃ当たり前？みたいな味でした。
(豚キムチにジンクスはあるのか、平19年)

5-51. 風邪の悪寒を人為的に再現したらこうなっちゃいました、みたいな。しかもその寒さが妙に長続きする。
(豚キムチにジンクスはあるのか、平19年)

5-52. もう本当に何日も飯を食ってないのよ—みたいにお腹がすいた日には「豚キムチW丼」です。
(豚キムチにジンクスはあるのか、平19年)

5-53. かき菜って、どこでもあるのかなあ。私は群馬に来てはじめて食べた。形で言うとカブの葉っぱの部分が大きいやつ、みたいな感じ。
(豚キムチにジンクスはあるのか、平19年)

5-54. ビールとかワインとか片手に、友達とおしゃべりしながら料理するのって楽しいですよね。旧バージョンの「世界の料理ショー」みたいですよね。

(豚キムチにジンクスはあるのか、平19年)

5-47은 화자의 심리를 직접 인용하지 않고, 단정을 회피하려는 분위기에서 사용되어지고 있다. 5-48의 예문은 먹고 목욕하고 마시고 목욕하고 너무 목욕을 해서 머릿속까지 붇고 싶을 정도로 목욕하고 싶다는 막연한 희망을 나타내고 있다. 5-49~53은 直接 引用을 회피하는 장면으로 볼 수 있으며, 5-49와 50에서 「みたいな味」는 「みたいな気」로 대신할 수 있으며 50-54는 비유의 의미가 있다.

2.5.1.7. 『ベスト・アメリカン・ミステリ ジュークボックス・キング』『アーモンド入りチョコレートのワルツ』『東京奇譚集』, 「ある編集者の生と死」

古沢嘉通(訳)의 『ベスト・アメリカン・ミステリ ジュークボックス・キング』(2005, 平17年), 森絵都[56]의 『アーモンド入りチョコレートのワルツ』(2005, 平17年), 村上春樹의 『東京寄譚集』(2005, 平17年)와 「ある編集者の生と死」(文芸春秋, 2006.4.)의 용례이다.

5-55. 「何ひとつ。あの双子たち自身のほかにゃ理由はない。未来はおれたちのもの、みたいな顔をした、ドット・コム世代のろくでなしの双子どもめが」老人はちらっとウィットモアを見て、言い添えた。

---

56) 1968년(昭43年) 東京 出生. 1991년『リズム』제31회 講談社兒童文學新人賞 수상.『つきのふね』제36회 野間兒童文芸賞 수상.

(ベスト・アメリカン・ミステリ ジュークボックス・キング、平17年)
5-56. それでもナスは勉強中、章くんから英文を「読め」と言われても、そんなきれいな発音で読んだことなんてなかった。「マイ、ネイム、イズ、ヨシヒコ」みたいに、きちんと日本人らしい読み方をしていたんだ。
(アーモンド入りチョコレートのワルツ、平17年)

5-55에서는 비유의 의미를 가지는 예문으로「、みたいな」가 사용되고 있다. 5-56에서는 断定의 의미는 없고 直接 引用인「～という」「～というように」를 代身하여 사용하고 있다. 이 이외에도 森絵都의 작품에는「泣きだす寸前で笑うことに決めた子供みたいな、」「お互いをいたわりあう老夫婦みたいに、」「その日の天気は最高で、焼きたての甘い菓子パンみたいな、」와 같은 용법이 多用되고 있다.

5-57.「芸術的オーラ？」と淳平は言った。
「普通の人には求めがたい輝き、みたいなもの」
「毎朝ひげを剃るときに、鏡に映った自分の顔を眺めるけど、そんなもの一度もみかけたことない」 (東京奇譚集、平17年)
5-58. それについて僕は何か積極的な分析をするか？しない。ただそれらの出来事をとりあえずあるがままに受け入れて、あとはごく普通に生きているだけだ。ただぼんやり、「そういうこともあるんだ」とか「ジャズの神様みたいなのがいるのかもしれないな」みたいなことを思って。 (東京奇譚集、平17年)
5-59.「間違いないっす。そういうのって、見たらすぐわかるから。あれ、日本から来たサーファっすよ。俺たちみたく」と長身が言った。 (東京奇譚集、平17年)
5-60. たとえば三人の編集者なり物書きがカウンターに座っている。

　　　　　　PとQが二人でRを褒めている。「いやあ、こないだのは素晴ら
　　　　　しい仕事だったね」みたいなことを言っている。ほとんど絶賛
　　　　　である。　　　　　（ある編集者の生と死、文芸春秋、2006. 4.）
　5-61.　カウンターでぼろくそにいっている作家や作品でも、いざどち
　　　　　ぎる」みたいなことも散見した。「あの作家の原稿は、半分く
　　　　　らい俺が書いたようなもんだよ」と豪語する編集者もいた。
　　　　　　　　　　　　　　（ある編集者の生と死、文芸春秋、2006. 4.）
　5-62.　時には本人の前でも堂々と口にした。「お前のこのあいだの仕
　　　　　事、あれつまんねえよ」みたいなことを言うから、言われた方
　　　　　はいささか気色ばむし、
　　　　　　　　　　　　　　（ある編集者の生と死、文芸春秋、2006. 4.）
　5-63.　僕の知り合いの何人かは、安原さんと仕事をしたときに、あれ
　　　　　これ注文を受け、それを断ると「ハルキでさえ、俺がずいぶん
　　　　　直させたんだぞ生意気なことをいうな」みたいなことをいわれ
　　　　　て、そうとう気を悪くしていたが、
　　　　　　　　　　　　　　（ある編集者の生と死、文芸春秋、2006. 4.）
　5-64.　そして「会社なんて辞めればいいじゃない。安原さんだった
　　　　　ら、文筆でぜったいに食って.いけるからさ」みたいなことを、
　　　　　ことあるごとに言った。
　　　　　　　　　　　　　　（ある編集者の生と死、文芸春秋、2006. 4.）

『東京奇譚集』에서는 斷定 回避의「みたいだ」용례가 3가지 있는데 한 작품 안에서의 각각의 쓰임새 또한 흥미롭다. 5-57은「求めがたい輝き、みたいなもの」와 같이 한 템포 쉼으로서 단정을 회피하려는 책임을 軽量化하는 화자의 언어 심리가 엿보인다고 할 수 있고 5-58는 앞 전체의 문장을 名詞句로 인식하고 있으며 5-59의「みたく」는「みたいに」「みたいな」의 오용으로 설명해야 할지 화자의 기분에「みたい」를 형용사 취급했는지 설명하기 어려운 부분이 있다. 5-60~64에서는 話者가 다른 사람이 말한 것에 관하여 직접 인용을 사용하기보다 앞 문장을 名詞句로 취급하여 斷定 回避와 같은「みたいな」를 사용함으로서 대화 내용이 무거워지는 것을 피할 수 있다.

北原保男는「「問題な日本語」はなぜ氾濫する」(文芸春秋, 2005. 12)에서 다음과 같이 언급하고 있다.

> 文法的な辻褄は合わせているが、まだ定着していない言い回しに、
> 「～みたいな」
> がある。前にくる文を名詞的に扱い、
> 「この使い方は間違ってる、みたいな」や「俺って最高？みたいな」
> と使われるが、この言い方だと、聞く方に幼児的な印象を与えてしまう。

최초「みたいだ」의 생성 과정에서 그 시대에는「みたいだ」의 사용 자체가 경망스럽고 유치한 표현이라고 杉捷夫는 회고하였으며, 大野晋도 森鴎外, 志賀直哉, 荷風도 미숙한 표현은 사용하지 않았다고 언급하였지만, 시대의 흐름에 따라「みたいだ」의 범람과 함께 형태의 변화도 초래되었다. 현재는 北原保男가 언급하는 斷定 回避의「みたいだ」의 현상이 유아적 인상을 준다고 하지만,「ある編集者の生と死」에서 일본을 대표하는 대중 작가인 村上春樹(2006)에서 5-60~64와 같이 多用하고 있는 사실을 감안하면 北原保雄의「みたいだ」에 대한 시대에 뒤떨어진 감상이 아닌가 생각된다.

2.5.1.8. 『ベルカ、吠えないのか？』『「俺様国家」,中国の大経済』『オール・アバウト・セックス』『ぼくたち、Hを勉強しています』

古川日出男57)의 『ベルカ、吠えないのか？』(2005, 平17年), 山本一郎58)의 『「俺様国家」,中国の大経済』(2005, 平17年), 鹿島茂59)의 『オール・アバウト・セックス』(2005, 平17年), 鹿島茂vs井上章一60)의 『ぼくたち、Hを勉強しています』(2006, 平18年)의 용례이다.

5-65. 「そういえば弟さん、イスラム教徒だったな」「毎日『アッラー、アッラー』みたいですね。で、その組織が……」「なるほど」
(ベルカ、吠えないのか？、平17年)

5-66. 日本であれば沖縄みたいに開発庁作って予算放り込んで米軍基地残して「日本なんだけど何か外国」みたいな微妙なさじ加減を国民一同満喫しながら猛然と問題を先送りすることもできるが、中国の場合はそうはいかない。
(「俺様国家」中国の大経済、平17年)

5-67. 「友だちに『イイ人いるから会ってみなよ』って言われて、"まあ、タイプじゃなかったらすぐ帰ればイイか"みたいな気持で会うことにしたの。そしたらタイプだった(笑)。」
(オール・アバウト・セックス、平17年)

5-68. 久世 ……でもこのメンバーなら、本当は「日本近代文学につい

---

57) 1966年(昭) 福島縣 出生. 早稲田大學 第一文學部 중퇴 후 편집프로덕션 근무 등을 거쳐 『13』(1998年)으로 데뷔. 『アラビアの夜の家族』(2002年)
58) 1973년(昭) 東京 出生. 慶應大學 졸업. 『けなす技術』
59) 1949년(昭) 東京大學 졸업. 『馬車が買いたい！』(サントリー學芸賞) 『職業別パリ風俗』(讀賣文學賞)
60) 1955년(昭) 京都大學 졸업. 國際日本文化研究センター所屬 『つくられた桂離宮神話』(サントリー學芸賞) 『美人論』

　　　　て」みたいなことを語り合いたかったんだけど(笑)。
　　　　　　　　　　　　　(オール・アバウト・セックス、平17年)
5-69. 井上　ぼくが最も危惧するのは、「あなたと寝たい」みたいな
　　　　メールが突然入って、どないしようと思いつつ、のこのこ現場
　　　　に行ったら、周りに顔見知りがたくさんいて「ああ、やっぱ来
　　　　よった、アホや、アホや」と言われる、これが恐ろしい。
　　　　　　　　　　　　(ぼくたち、Hを勉強しています、平18年)
5-70. 井上　そうですね。「私はあまり魅力がないから若さで売れるう
　　　　ちに結婚しておこう」「私が綺麗だから三五歳でも大丈夫」みた
　　　　いな……。　　　(ぼくたち、Hを勉強しています、平18年)
5-71. 井上　確かに、痴漢がやりづらくなったりして、男の性欲が封
　　　　じられれば封じられるほど、女の人は「どう、私のオッパイ恰
　　　　好ええやろ。でも、触らせてあげへん」みたいな意地悪をしな
　　　　がら町を歩くようになりますね。
　　　　　　　　　　　　(ぼくたち、Hを勉強しています、平18年)

　5-65에서는 直接 引用을 회피하려는 심리에서이고, 5-66에서는 「みたいな」가 형식적으로 독자적인 형태를 취하지만 비유의 의미를 가지는 예문이라 할 수 있다. 5-67에서는 화제 내용의 쑥스러움을 흘려서 표현하는 형식이라고 볼 수 있다. 5-68은 断定의 意味는 없으며 直接 引用인 「~という」「~というような」「~といった」와 같이 직접 인용을 사용하지 않으려는 언어 심리이다. 5-69~71에서도 쑥스러운 내용을 흘려 사용하는 언어 심리이다.

2.5.1.9. 『人間は脳で食べている』『星々の舟』『東京タワー』『牡蛎礼賛』

伏木享[61]의 『人間は脳で食べている』(2005, 平17年), 村山由佳[62]의 『星々の舟』(2006, 平18年), リリー・フランキー[63]의 『東京タワー』(2006, 平18年), 畠山重篤[64]의 『牡蛎礼賛』(2006, 平18年)의 용례이다.

5-72.「離乳期の記憶が大人になっても残っているのですか」
  「刷り込み、みたいですね。」
  少なくとも重要なインパクトを与える学習といえるだろう。
  　　　　　　　　　　　　　　　(人間は脳で食べている、平17年)
5-73.＜うーん、ちょっと格好つけ過ぎかな。でもほら、動物って本来そうじゃない。歳を取ったら、しぜんと群れを離れて一人きりになる、みたいなさ＞　　　(星々の舟、平18年)
5-74.「『このうちには問題なんて何にもありません』みたいなあの白々しさがたまんないっていうかさ」　　(星々の舟、平18年)
5-75.「あとはまあ誠実で、優しくて、妻がうたた寝してると自分の上着脱いでそっとかけてくれる、みたいな人だったらもうそれだけでいいや」　　　　(星々の舟、平18年)
5-76.ボクはそれに腹を立てて、オカンに言いつけに行った。そして、その破られた本の値段を指して、何円分の損害だよ、みたいなことを言ったのだと思う。　　(東京タワー、平18年)

---

61) 1953년(昭28年) 滋賀縣 出生. 京都大學農學部 졸업.『コクと旨味の秘密』(新潮新書)『ニッポン全國マヨネーズ中毒』(講談社)
62) 1964년(昭39年) 東京 出生.「天使の卵～エンジェルス・エッグ」第6回すばる新人賞受賞. 2003年「星々の船」第129回直木賞受賞
63) 1963년(昭38年) 福岡縣 出生. 武藏野美術大學 졸업. 문장가, 소설가, 컬럼리스트, 그림작가, 디자이너 등으로 활약.
64) 1943년(昭18年) 三陸에서 牡蠣・와 帆立의 양식업을 경영.「牡蠣の森を慕う」代表『森は海の戀人』『日本(汽水)紀行』

5-77. 二百五十ミクロン以上は〃成熟アンボ幼生〃と呼ばれる。付着寸前の幼生である。記録者「長浜2、ガンテン2」と叫んだ。「『ためしてガッテン』みたいですね」と問いかけると、「種牡蛎屋はこれを待ってのしゃ」と真面目な顔になり顕微鏡を指した。　　　　　　　　　　　　　　　　　　　　(牡蛎礼賛、平18年)

5-72에서는 離乳期의 기억이 성인이 되어서도 남아있다는 일반적인 사실이지만 막연히 알고 있는 사실에 관하여 화자가 직접 인용을 회피하는 장면이고, 5-73도 직업 인용을 회피하는 장면이고, 5-74는 앞 문장을 名詞句로 취급하고 있으며, 5-75에서는 発話内容를 特定化하지 않으려고나 할까 막연한 바램이라고 할까와 같은 의미로 사용되고 있다. 5-76은 직접인용인 「～というような、～というふうな」를 대신하여 사용되고 있고, 5-77은 비유의 의미로 사용되고 있다.

2.5.1.10. 주간지의 용례

5-78. 実際、ファーブルが長年高校教師を務め、博物館の館長も務めた、南仏アヴィニョンでファーブルを知っているかと聞いても、「うちの近所のファーブルさんのこと?」みたいな返事が返って来るらしい。
　　　　　　　　(ズバリ、答えましょう、週刊文春、2006年 3月)
5-79. 今回のガス田協議の報道なんか見ると、「やめて!」って言ってるのにしょっちゅう家の前に来る、何するかわからないストーカー男、みたいな恐さを感じます。
　　　　　　　　(中国のここが嫌い、週刊文春、2006年 3月)

5-78에서는 일본인은 왜『ファーブル昆虫記』를 좋아할까요? 본 고장인 프랑스에서는 거의 잘 알려져 있지 않다는 화제에 관한 설명이다. 여기에서 사용되고 있는「みたいだ」는 推定의 의미는 없으며, 불확실한 사실에 대한 推定의 의미도 없다. 단지 앞 문장의 例示의 용법으로 사용되고 있다고 보아야 할 것이다. 화자가「うちの近所のファーブルさんのこと?」라는 引用 部分이 명사와 닮은 성질이 있고, 名詞에 바로「みたいだ」가 접속된다고 해도 直接引用인「~という」「~というような」「~といった」를 사용하지 않고「みたいだ」를 사용하는 것은 일본인의 언어 심리의 말을 흐리는 현상(ぼかし言葉)이라고 보아야 할 것이다. 5-79에서는 중국과 일본의 가스 개발 사업에 관한 신문 기사 내용을 일본이 처한 중국에 대한 부정적인 이미지를 담고 있다. 중국을 빗대어서「ストーカー」에 비유하는 장면으로「ストーカー男みたいな」와 같이 화자가 직접 언급을 회피하는 심리에서「ストーカー男、みたいな」가 사용된다고 볼 수 있다.

5-80. 何をやっても小泉さんだからいい、みたいなひとばかりなんで、こりゃ小泉さんがいなくなるのを待つしかないな、とね。これってある意味賢い選択だったかもね。株やらんと置いてかれるぞ、みたいな風潮にもコツコツと原稿料のみで暮らしてきましたね。
　　　　　　　　　　(大日本中流小市民、サンデー毎日、2006年 2月)
5-81. そう思うでしょ?全然そうじゃないの。私なんか、今までどこの現場でも、どこのおばちゃんが来てるんだ?みたいな感じで見られてたんですよ(笑い)。
　　　　　(マリコのここまで聞いていいのかな、週刊朝日、2006年 2月)
5-82. 犬だから介護保険制度もないし、「施設に入れちゃえ」みたいなわけにもいかないし。

(文芸予報、サンデー毎日、2006年 2月)
5-83. 「みんなホントだ」といっているのと同じだ。私には 「エイチだけが残っている」みたいなこと.をいっているが、それもあやしい。　　　　　　　　　　　　(残光、新潮、2006年 2月)
5-84. いつだったかそのことにちょっと触れたら、自分でも気がついてゐるがどうも仕方がない、みたいな葉書が作者から来た。
(海坂藩の釣り、文芸春秋、2005年 10月)

　　5-80에서는 ライブドア의 堀江貴文 사장의 상장 주식의 부정 거래와 小泉 수상의 解散 選挙를 빗대어 하는 표현이다. 推定 意味는 없다. 5-81에서는 현재 방영중인 NHK의 大河드라마「功名が辻」의 脚本家인 本人의 화제를 언급하는 장면이다. 자신의 신변의 일을 화제로 삼는 쑥스러운 분위기를 直接 引用하지 않고 흘려서 표현하는 방식이라고 할 수 있다. 5-82에서도 介護保険制度이라는 긍정적인 이미지가 아닌 施設이라는 다소 부정적인 이미지 표현에서 5-83의 쑥스러운 표현을 애매하게 내지는 흘려서 사용하는 표현 형식이라고 할 수 있다. 5-84은「海坂藩の釣り」라는 낚시에 관한 것으로 海坂藩은 藤沢周平의 소설에 나오는 架空의 藩이다. 藤沢周平와 같은 지역출신자인 작가가「海坂藩の釣り」에 대하여 글을 적다보면 사소한 것이라도 출신자는 상세하게 알다보니 대단한 것으로 묘사하게 된다. 이런 것을 언급하자 독자로부터 공감한다는 엽서를 받은 것이 사실임에도 불구하고,「仕方がないみたいな」와 같이 직접적인 표현이 아니라, 한 템포를 쉬는 듯한「仕方がない、みたいな」와 같은 표현은 일본인의 언어 심리의 한 현상이라고 할 수 있다.
　　이러한 断定 回避의「みたいだ」의 사용방법에서 주목할 만한 사실은 비교적 젊은 연령대뿐만이 아니라 5-84와 같이 비교적 연배가 있는 丸谷

才一와 같은 노년층에서도 사용하고 있다는 점은 주목할 만하다.

　이러한 斷定 回避의「みたいだ」의 현상은 사물을 판단할 때 斷定하지 않고 애매하게 흘려 표현하거나 婉曲한 표현 내지는 고상하게 표현하려는 일본인의 언어 심리에서 나온다고 할 수 있다. 이와 같은 현상에 관해서 俵万智65)는 다음과 같이 언급하고 있다.

> 　背景にある精神は「とか」と同じだと思われるが、語ではなく文全体から、断定的な雰囲気を取り去る言い方に「みたいな」というのがある。「私、卒業したら、ちょっとは落ちついて社会勉強しようと思うの、みたいな」。実際に口に出して言うときは、「みたいなー」と語尾を伸ばし、「なー」のところに強いアクセントが置かれる。
> 　かつて「なーんちゃって」という、これに類似する言い方があった。「なーんて言ってみたりして」と、それまでの発言を、とりあえず仮の話とし、明るく茶化して、照れくささから逃れる、という言い方である。「みたいな」は、それよりも、さらに発言内容を、自分から遠ざけているように私には感じられる。「私、卒業したら、ちょっとは落ちついて社会勉強しようと思うの。なーんちゃって」の場合は、とりあえず発言は自分のもので、それを堂々と言い切るには、ちょっと照れがある、という印象だ。が、「みたいな」のほうは、「そういうふうな意見があるじゃない、で、とりあえず私もそういうふうにしてみようかなって」という感じで、自分でない誰かや何かに、とりあえず賛同するという形だ。
> 　断言することを恐れ、真面目に語ることを避けようとする、現代の若者たち。その気風が、とてもよく出ている言い回しだ。とりあえず「みたいな」とぼかしておいて、相手の反応を窺うという姿勢。これがもし、安保闘争の時代だったらどうだろう。「私は、国家権

---

65) 俵万智『言葉の虫めがね』p.12-13

力にとことん反対する、みたいなー」なんて言ったら、張り倒されるのではないだろうか。

앞에서 언급한 『私、OLとかやっています』에서의 「トカ辯」의 사용은 違和感을 느낄 수도 있지만, 「温泉とか行こうかな、とか……」와 같은 문맥에서는 話者의 입장에서는 온천욕을 하러 간다는 사실은 거의 확정적이다. 그러나 「トカ」를 사용함으로써 장소의 特定을 흘리고, 文末에서 斷定的으로 표현하는 것을 회피하는 것으로 실제 온천에 가지 않았을 경우의 책임을 회피하려 한다고 볼 수 있다.

「ねえ、手とか、つないでみる?」와 같은 문맥에서는 「손잡지 않을래?」라고 발화하는 순간의 어색함을 「トカ」를 사용하여 절묘한 뉘앙스를 나타내고 있다.

「お茶とか飲まない?」와 같은 문맥에서는 「トカ」를 사용함으로써 차를 마시자고 권하는 상대에게 부담지우지 않으려는 화자의 배려 내지는 상대가 거절했을 때의 부담감을 최소화하고 있다.

전통적으로 단정적인 표현을 회피하려는 일본인의 언어 심리에서 「みたいだ」의 사용 형태의 변화와 의미의 변화도 초래되고 있다.

이상을 종합해 보면 平成期에 있어서 「みたいだ」의 使用 樣相은 다음과 같이 정리할 수 있다.

〈표 25〉 平成期의 「みたいだ」

品詞 / 作品	動詞						形容詞				形容動詞				名詞					
	みたいに	みたいな	みたいで	みたいだ	みたい	みたいだろう	みたいに	みたいな	みたいで	みたいだ	みたいに	みたいな	みたいで	みたいだ	みたいに	みたいな	みたいで	みたいだ	みたい	みたいだろう
放課後の音符	3		1	5				1		2					8	11		6	7	
白河夜船	2	1		3						3				2	10	12	1	2	5	
トラッシュ	3	2		22						10				5	29	38	1	12	12	1
NP	9	3		9			1		2					1	30	28	1	7	1	1
アムリタ(上下)	18	7	2	25			1		1	5				2	72	38	2	11	11	
합 계	35	13	3	54	0	0	2	1	3	20	0	0	0	10	149	127	5	38	36	2

〈표 26〉 平成期의 斷定 回避 「みたいだ」

작가	연령대	작품	출판년도	용례수
町田康	40중반	夫婦茶碗	平13(2001)	1
町田康	〃	告白	平16(2004)	32
町田康	〃	淨土	平17(2005)	6
町田康	〃	正直じゃいけん	平18(2006)	1
川上弘美	40초반	いとしい	平12(2000)	2
川上弘美	〃	古道具 中野商店	平17(2005)	4
藤堂志津子	50중반	夜のかけら	平13(2001)	1
藤堂志津子	〃	ひとりぐらし	平14(2002)	1
吉本隆明	80중반	讀書の方法 なにを、どう讀むか	平13(2001)	12
吉本隆明	〃	眞贋	平19(2007)	3
菊谷匡祐	70중반	開高健のいる風景	平14(2002)	1
小谷野敦	40중반	評論家入門	平16(2004)	3
絲山秋子	40초반	ニート	平17(2005)	2
絲山秋子	〃	豚キムチにジンクスはあるのか	平19(2007)	6
湯川豊	60후반	夜明けの森、夕暮れの谷	平17(2005)	1
森繪都	40초반	アーモンド入りチョコレートのワルツ	平17(2005)	2

村上春樹	50후반	東京奇譚集	平17(2005)	1
村上春樹	〃	ある編集者の生と死、文芸春秋	平18(2006)	5
古川日出男	40초반	ベルカ、吠えないのか?	平17(2005)	1
山本一郎	30중반	「俺樣國家」中國の大経濟	平17(2005)	1
鹿島茂	50후반	オール・アバウト・セックス	平17(2005)	2
鹿島茂vs井上章一	50후반	ぼくたち、Hを勉強しています	平18(2006)	3
伏木享	50중반	人間は脳で食べている	平17(2005)	1
村山由佳	40중반	星々の舟	平18(2006)	3
リリー・フランキー	40중반	東京タワー	平18(2006)	2
畠山重薦	60중반	牡蠣礼贊	平18(2006)	1
丸谷才一	80중반	海坂藩の釣り、文芸春秋	平17(2005)	1
高橋春男	미상	大日本中流小市民、サンデー毎日	平18(2006)	1
さかもと未明	미상	中國のここが嫌い、週刊文春	平18(2006)	1
竹内久美子	40후반	ズバリ、答えましょう、週刊文春	平18(2006)	1
大石靜	50중반	マリコのここまで聞いていいのかな、週刊朝日	平18(2006)	1
齋藤美奈子	40초반	文芸予報、週刊朝日	平18(2006)	1
小島信夫	80초반	殘光、新潮	平18(2006)	1

　明治期를 前後하여 사용되기 시작하는「みたいだ」가 名詞나 活用形의 連体形에 접속되지 않고 단독으로 사용됨으로써 내포하는 의미뿐만이 아니라 형식적으로도 변화가 나타나는 현상이다. 이러한 斷定 回避의「みたいだ」는 직접 인용을 회피하는 언어 심리에서「～という」「～というふうな」「～というような」대신에 사용되는 경우가 많고, 앞 문장의 인용구를 명사로 취급하는 경우와 무거운 내용을 경량화 내지 소프트화하는 경우에 사용이 되고 있으며, 막연한 희망과 막연한 사실을 나타낼 때 사용되고 있음을 알 수 있었다.

　斷定 回避의「みたいだ」가 多用되는 현상은 옛날부터 일본인은 話者가 사물을 斷定的으로 말하는 것을 꺼려하고 애매하게 표현하는 것이

敬意나 겸손한 표현으로 간주되어 온 배경에 의해 애매하게 흘려 표현(ぼかし言葉)하거나 婉曲한 표현 내지는 고상하게 표현하려는 일본인의 언어 심리에서 나온다고 할 수 있다.

이러한 斷定 回避의「みたいだ」를 北原保男(2005)『問題な日本語』, 北原保男(2006)「問題な日本語」『はなぜ氾濫する』, 橋本五郎(2003)『新日本語の現場』에서는 젊은 계층의 말이라고 지적하지만, 말 사용에 엄격한 丸谷才一도 연배가 높은 吉本隆明도 사용할 정도이고, 일본을 대표하는 대중작가인 村上春樹가 잡지에 게재한 단편인「ある編集者の生と死」(文芸春秋 2006. 4)에서도 多用하고 있다.

위의 (표26)에서도 알 수 있듯이 작가의 연령층도 30대부터 70대, 80대까지 다양한 분포를 나타내는 것을 감안하면 이미 사회 전반에 확산되어 있으며, 北原保雄의「、みたいだ」에 대한 견해는 시대에 뒤떨어진 감상이 아닌가 생각된다.

文化庁의「国語に関する世論調査」(66)(平成16年)에서는 平成12年度보다「、みたいだ」의 사용이 약간 늘어났음을 알 수 있다. 斷定 回避의「、みたいだ」와 같은 표현을 사용한다는 질문에 16세-19세가 남녀

66)			ある	ない
	(1)「わたしはそう思います」を「わたし的にはそう思います」と言う	平成16年	15.6	83.9
		平成11年	8.5	90.1
	(2)「鈴木さんと話をしてました」ということを、「鈴木さんと話とかしてました」と言う	平成16年	14.6	84.8
		平成11年	16.2	82.4
	(3)「とても良かった」ということを「とてもよかったかな、みたいな…」といって相手の反応を見る	平成16年	15.0	84.4
		平成11年	13.0	85.2
	(4)「とてもすばらしい(良い、おいしい、かっこいい等も含む)」という意味で「やばい」と言う	平成16年	18.2	81.4
		平成11年	-	-
	(5)いいか悪いかの判断がつかないときに「微妙(びみょう)」と言う	平成16年	57.8	41.8
		平成11年	-	-
	(6)面倒臭いことや不愉快感・嫌悪感を表すときに「うざい」と言う	平成16年	17.0	82.6
		平成11年	-	-

각각 28.9 %와 34.2 %이고 20대가 남녀 각각 28.1 %와 34.2 %로 높은 비율을 차지하지만, 60대 이후도 9.5 %와 6.9%를 차지하고 있다.

이러한 斷定 回避의「みたいだ」의 多用은 일시적인 현상이 아니라 시대의 흐름에 따른 현상이고, 문헌에서의 斷定 回避의「みたいだ」의 검증은 일상의 구어체에서는 빈번하게 사용된다는 것을 반영한다.

2.5.2. 学習書의「みたいだ」

平成期는 학습서에 있어서는 80年代의 様相이 큰 변화 없이 지속된 時期로 분류할 수 있을 것이다. 따라서 여기에서는 1995年에 발간된『文法Ⅱ 教師用日本語教育ハンドブック』을 통해서 前 時期와의 차이점을 생각하는 데 관찰의 主眼을 두고자 한다.

2.5.2.1.『文法Ⅱ 教師用日本語教育ハンドブック』(1995, 平7年)
前 時期의『文法Ⅱ 教師用日本語教育ハンドブック』(1982)에 이어 여기에서는 1995年版을 관찰의 대상으로 삼고자 한다.

여기에서 주목되는 것은「推量・推定・推測などを表す言い方」에 보이는「みたいだ」의 記述에 1982年版과는 다른 내용이 散見된다는 점이다. 무엇보다도「みたいだ」의 接続 形態가 아래와 같이 多様해지고 있음이 눈길을 끈다.

　　[接続] 活用語及び体言
　　行く/行った/行かない/行かなかった—みたいだ
　　高い—みたいだ　行きたい—みたいだ

静か—みたいだ　雪—みたいだ
[活用] 形容動詞型。「静かだ」などと同じ。
行くみたいで—ない　行くみたいだっ—た　行くみたいな—話
行くみたいなら—(ば)

특히「～たいみたい」나「～みたいでない」와 같은 形式은 이 時期에 발달한 것으로 기억되어야 할 것이다. 또한「みたいだ」의 用法에 있어서도 아래의 밑줄 부분은 1995年版에 새롭게 추가된 내용으로서 여기에 特記할 필요가 있을 것이다.

「みたいだ」は、「ようだ」と意味・用法はほぼ同じであるが、日常的なくだけた話しことばで用いられるものである。つまり、<u>必ずしも客観性を備えていない根拠に基づく推測を表すのに用いられたり、断定を避ける意図で用いられたりする</u>。

① 雨がまた降りだしたみたいだよ。
② 彼は本当に何も知らないみたいだった。
③ あの眼鏡をかけた人が田中君の妹さんみたいだね。

などは、「ようだ」の口頭語的な表現といってさしつかえないものである。断定を避けるためにもちいられる点も「ようだ」と同様であるが、次のような、相手の意向や感情などにかかわる内容を表す際には、「ようだ」は用いられても、「みたいだ」を用いることはできない。

④ 気が進まないようなら、断ってもかまわないよ。
⑤ わからないようだったら、遠慮なく質問してくれ。

즉, 이와 같은 내용의 추가는 80年代 이후「みたいだ」의 意味・機能이「断定 回避」쪽으로 확대된 사실과 무관하지 않을 것으로 추측된다. 그런 의미에서 平成期 学習書는 前 時期의 그것과 辨別性을 보여준다고 할 수 있을 것이다.

2.5.3. 辞典의「みたいだ」

学習書에서와 마찬가지로 昭和 後期와 平成 期 사이의 辞典에 있어서「みたいだ」에 대한 記述의 변화를 확인하고자 한다. 기본적으로 平成期의「みたいだ」는 80年代에 定着된「みたいだ」의 諸 用法을 그대로 계승하고 있기 때문이다. 여기에서는 『広辞苑』第5版(1998, 平10年)을 통하여 前 時期의 『広辞苑』과의 차이점을 간략히 살펴보고, 시대의 변화에 따른 것으로 『若者ことば辞典』(1999)와 『現代用語の基礎知識』(2007)를 살펴보기로 한다.

2.3.5.1. 『広辞苑』第5版(1998, 平10年)

먼저 『広辞苑』第5版(1998)에 보이는「みたいだ」관련 記述을 転載해 보면 다음과 같다.

> みたい(接尾)(「…を見たやう」の転。体言や活用語の連体形に付く)①他のものごとに似ていることを示す。「機械―に正確な動作」「まるで夢―」②例示を示す。「京都―な古い町が好きだ」「お前―な奴は」③不確かな判断を表す。また、婉曲な言いまわしにも用いる。「疲れている―だ」「外国へ行く―な話だった」→ みたようだ

위의 記述 가운데 『広辞苑』第2版補訂版(1975)의 内容과 차이를 보이는 부분은 「②例示を示す。「京都—な古い町が好きだ」「お前—な奴は」」의 부분이 추가되었다는 점일 것이다. 하지만 이것은 「みたいだ」의 질적 변화에 의한 것이라기보다는 第2版補訂版에 보이는 「具体例を示す。…のよう。「彼女は男—だ」「彼—な男」」와 같은 記述을 보다 細分한 것으로 판단된다. 따라서 『広辞苑』第5版의 記述 態度는 第2版補訂版과 大同小異한 것으로 처리해도 문제가 없을 것이다. 이러한 現象은 앞에서도 언급한 바와 같이 「みたいだ」의 諸用法이 80年代에 정착되어 그 以後로는 量的(사용 빈도)인 팽창만이 진행되었기 때문이라고 생각할 수 있을 것이다.

그러나 일본 젊은 계층에서 인기가 식을 줄 모르는 「トカ辯」의 경우를 보자.

「地位とか名誉とか」「掃除とか洗濯とか」와 같이 「トカ」를 複数로 사용하여 몇 개의 사항을 열거하는 것이 기본적 용법이다.

또 「悪かったとか言ってるよ」에서는 「トカ」를 한 번 사용하더라도 불확실한 것 내지는 들었던 사항이 진짜인지 아닌지 확실하지 않은 것을 서술할 때에도 사용된다.

「トカ弁」도 시대의 흐름에 따라 기본적인 사용 의미에서 다양한 의미 변화를 가져왔다.

새로운 단어를 취급하는 데 적극적인 『三省堂国語辞典』은 1992年 発行의 第4版에서 「トカ」의 의미에 다음과 같은 것을 추가했다.

「はっきりしていないことを表す」라는 것이 종래의 사용법이었지만, 새로운 解釈으로 「『に』『へ』『で』の意味をぼやかして言う。にでも。など」라고 추가했다.

젊은 계층의 회화체에서「ディスコとか行って、ハンバーガとか食べない?」와 같은 용법이 多用되기 때문이다.

또,『岩波国語辞典』에 의하면「80年ごろから特に、『とか』で言いさして、さらには付けるまでもない文末に添えて、(自分の発言の責任を内容と共に)ぼかす用法が若い世代に広まった」라고 했다.

2.3.5.2.『若者ことば辞典』(1999)

『若者ことば辞典』(1999)에는「みたいだ」를 다음과 같이 설명하고 있다.

> ～みたいなー
> ～ような。断言を避ける表現で、～がすべてではないという含み。また相手を傷付けることを避けてぼかした表現。[類]感じ90年版・キ弥生「今度また行こな」鈴子「もう行きたくない、みたいなー」

2.3.5.3.『現代用語の基礎知識』(2007)

『現代用語の基礎知識』에서는「みたいだ」를 다음과 같이 기술하고 있다.

> ◆ …みたいな 断定をさけるつけ足し。また、自分の気持ちを人に説明するときの添え言葉。
> 「ちょっと難しいかなみたいなぁ」。

『現代用語の基礎知識』의「若者の言葉の解説」欄을 담당하고 있는 米川의 말에 의하면 젊은 계층의 말은 평균 수명이 1～2년이라고 한다.

断定 回避의「みたいだ」는 1970年代 末, 1980年代부터 사용되기 시작하여 현재까지 사용되는 것을 문헌을 통해서 알 수 있으며 辻大介(1999)가 언급하는 1993年代보다는 훨씬 빠르다는 것을 확인하였다.

北原保雄, 橋本五郎가 언급하듯이「みたいだ」는 젊은 계층에서만 사용되는 것이 아니라, 전통적으로 단정적인 표현을 회피하려는 일본인의 언어심리에서「みたいだ」의 사용 형태의 변화와『若者ことば辞典』의「相手を傷付けることを避けてぼかした表現」와『現代用語の基礎知識』의「自分の気持ちを人に説明するときの添え言葉」와 같이 의미의 변화도 초래되고 있다. 이러한 현실은 젊은 층만이 아니라 사회 전역에 만연되어있고「広辞苑(5版)」에도 새로운 검증이 요구된다고 본다.

2.5.4. 결과의 분석

平成期(1989-1998)의「みたいだ」는 전반적으로 80년대 이후의 基調를 유지하고 있음을 확인할 수 있지만, 80年代부터 사용되기 시작한「ぼかし言葉」와 같은 현상은「みたいだ」의 사용에도 많은 변화를 초래하게 되었다. 이른바 断定 回避의「みたいだ」의 사용은 직접적인 표현을 회피하려는 일본인의 언어 심리를 잘 반영하는 것으로 여러 문맥에서 나타나게 되었다. 이 현상은 화자가「~という」「~というふうな」「~というような」와 같이 直接 引用을 회피하고자 할 때의 사용이 두드러지게 많고 또, 문장의 인용구를 명사화하는 경우와 책임을 회피하려는 경우, 애매한 표현, 완곡한 표현, 품위있게 말하려는 경우, 자신의 사항을 언급하고 있음에도 불구하고 발화 내용을 特定化하지 않으려는 심리, 第 3者의 입장에서 파악하려는 객관적인 서술방식 등에서 기인된다고 본다. 또, 이

현상은 화자의 막연한 바람(願望)이나 언급하기 어려운 내용 내지는 쑥스러운 표현, 주제가 무거운 내용의 輕量化 내지 소프트하게하려는 의도에서 사용되고 있었다.

「みたいだ」가 学習書의 전면에 등장하게 된 것은 戦後, 昭和 後期에 들어서부터이며 이때는 教科書에 있어서도 「みたいだ」의 使用例를 찾아볼 수 있게 된다. 특히 80년대의 『文法Ⅱ 教師用日本語教育ハンドブック』에서는 「みたいだ」를 독립된 항목으로 설정하고 「樣態(比況)」과 「推量」의 「みたいだ」에 시민권을 부여하고 있어 「みたいだ」에 대한 인식의 전환이 이루어진 것을 확인할 수 있다. 이 80년대는 문학 작품 속에서도 「みたいだ」의 使用 頻度가 급격히 증가함과 동시에 「斷定 回避」와 같은 표현 기능이 一般化되어 가던 時期이다. 그리고 이와 같은 実生活에 있어서 「みたいだ」의 「斷定 回避」가 学習書에 반영된 모습을 平成 期의 『文法Ⅱ 教師用日本語教育ハンドブック』에서 확인할 수 있었다. 이와 같은 점에서 学習書의 記事는 文学 作品 속의 言語 現実을 검증하는데 있어서 유효한 수단이 될 수 있다는 점을 확인할 수 있었다.

『広辞苑』第5版(1998, 平10年)에 있어서 辞典의 기술 태도는 昭和 後期의 그것과 큰 차이가 없지만, 『現代用語の基礎知識』의 「若者の言葉の解説」欄과 『若者ことば辞典』(1999) 을 참고로 하면 『広辞苑』第5版에서도 새로운 검증이 시도되어야 한다.

第3章
「みたいだ」の 形成과 拡散 過程

　위에서 살펴본 資料 分析의 결과, 日本語 助動詞 「みたいだ」의 展開 過程은 크게 볼 때 形成期, 定着期, 完成期, 拡散期로 나눌 수 있을 것으로 생각된다. 여기에서의 形成期는 「みたいだ」의 登場과 함께 「様態」의 「みたいだ」가 定着되어간 時期를, 定着期란 「推量」의 「みたいだ」가 使用되기 시작하여 「様態」와 「推量」으로 대표되는 「みたいだ」의 基本的인 意味・機能이 確立된 時期를 말한다. 또한 「断定 回避」의 「みたいだ」가 定着되어 간 時期를 「みたいだ」의 完成期로, 그리고 최근의 「ぼかし言葉」와 「とか弁」 속에서의 「みたいだ」의 유행을 초래하는 断定 回避 「みたいだ」를 拡散期로 자리 매김할 수 있을 것이다.

3.1. 「みたいだ」의 形成期

　이 時期는 「みたいだ」가 처음 登場한 무렵인 1880年을 前後한 時点

에서 1930년대까지이다.

먼저, 문학 작품을 통해서 얻을 수 있었던 결과로서 指摘하고 싶은 것은「みたいだ」는 明治 前期(1868-1888)를 前後한 時點의 東京 地域에서 형성된 것으로 보는 것이 타당할 것이라는 점이다. 다만 明治期를 통해서「みたいだ」의 使用은 극히 制限的이었으며, 많은 경우 그 表現 機能은「みたようだ」에 의해서 代替되고 있었다는 점을 看過해서는 안 될 것이나. 그리고 이들 형식은「みたような/みたいな」와 같은 連體形이나「みたように/みたいに」와 같은 連用形으로만 사용되어지고 있으며 意味・機能에 있어서도「樣態」표현에 한정된다는 공통점을 보인다.

A-01.「風のわりい雲助見たよに足元を見てゆすりかける。」
「女連の道中はこれで恐れるヨ」 (風流京人形、1888)

A-02.「さうだらうてネ。可愛い息子さんの側へ来るんだものヲ。それをネー、何処かの人みたやうに親を馬鹿にしてサ、一口いう二口目には直に揚足をとるやうだと義理にも可愛いと言はれないけれど文さんハ親思ひだから母親さんの恋しいのも亦一倍サ。」 (浮雲、お政→文三、1889)

A-03.「だからお勢みたやうな如此親不孝な者でもさう何時までもお懐中で遊ばせても置ないと思ふと私は苦労で苦労でならないから、此間も私がネ「お前ももう押付お嫁に往かなくツちやアならないんだから、ソノーなんだとネー、何時までもそんなに小供の様な心持でゐちやアなりませんと。」 (浮雲、お政→お勢、1889)

A-04.「それもネー是れがお前さん一人の事なら風見の烏みたやうに高くばツかり止まツて食ふや食はずにゐやうと居まいとそりやアもう如何なりと御勝手次第サ。」

第3章 「みたいだ」의 形成과 拡散 過程 201

(浮雲、お政→文三、1889)
A-05.「何にも然うとぼけなくツたツて宜いぢや無いか。<u>君みたやうな</u>ものでも人間と思ふからして、即ち廉恥を知ツてゐる動物と思ふからして、人間らしく美しく絶交して仕舞はうとすれば」
(浮雲、文三→昇、1889)

위의 예문 A-01은 20代 横浜 商人들의 대화 내용으로 인력거의 뜨내기 인부들의 대화 속에서 「みたようだ」가 사용되고 있는 경우이다. A-02에서는 40代인 「お政」가 누군가를 빗대어 딸을 비난하는 장면이고, A-03에서도 「お政」가 「親不孝」까지 들먹이면서 부모 슬하에만 있지 말고 시집을 가야할 때라고 딸을 비난하는 말투로 「みたようだ」를 사용하고 있다. A-04에서는 「風見の烏」를 文三에게 빗대어 빈정거리는 표현으로 사용되고 있으며, A-05는 文三이 흥분하여 昇에게 절교를 선언하는 장면에서 사용되고 있다. 이처럼 「みたようだ」는 빈정거리는 말투 속에서 곧잘 사용되고 있는데, 이것은 당시 「みたようだ」의 言語 位相이 그다지 높지 않았음을 엿볼 수 있는 現象이라 할 수 있을 것이다. 이에 대해 당시의 「みたいだ」의 用例로서는 다음과 같은 것들을 찾아 볼 수 있었다.

A-06.「貴郎を疑がツて、<u>先程見たいな</u>事を云はれますか。」
(墨染桜、お房→吉川、1895)
A-07.「うむ、気が付くな。お前のなら美味からう。」
「嬉しがらせはお止しよ。そりやあ何うせ中洲の<u>彼人見たいに</u>やア行かないのさ。」 (大さかづき、お千代→梅吉、1890)

A-06은「お房(16,7歲)」라는 지극히 서민적인 지금의 만물 잡화상에 해당하는 唐物屋 딸의 표현이다. A-07은 당년 20歲인「お千代」의 発話로 그녀는 三河屋라고 하는 船屋의 딸이다. 船屋는 지금의 러브호텔 내지는 남녀의 밀회장소로 사용되는 곳이기도 하다. 따라서 A-06, 07의 예문에서는 지극히 서민층인 젊은 여성의 말투에서「みたいだ」가 사용됨을 알 수 있다.

  A-08.「二郎、御前見たいに暮して行けたら、世間に苦はあるまいね」   (行人、母→二郎、明45年)
  A-09.「何だそんな朱塗りの文鎮見たいなもの。要らないから早く其方へ持つて行け」   (行人、父→二郎、明45年)
  A-10.「今ぢや中々偉くなつてゐますよ。私見たいな老朽とは違つてね」   (行人、父→盲女、明45年)

A-08은 母子間의 격의 없는 표현으로「みたいだ」가 사용되고 있으며,「너 같이만 산다면 이 세상에 고생스러운 것은 없을 것이다」라는 대화 내용상 냉소적인 뉘앙스를 가지고 있다. 1-09와 10은 아버지의 発話로 다소 냉소적, 자기비하적인 장면에서 사용하고 있다.

明治期의「みたいだ」는 使用 年齡面에서 볼 때 20대에서 老人에 이르기까지 폭넓게 사용되는 경향을 보이고 있기는 하지만, 性別에 있어서는 젊은 여성들 사이에「みたいだ」를 선호하는 경향이 보인다. 다만 이들 형식이 등장하는 文脈은 冷笑的 또는 自嘲的인 뉘앙스를 가지는 경향이 엿보여, 이들 형식의 초기 段階에 있어서는 話者의 言語的 位相이 높지 않았던 표현 형식으로 사용되었던 것으로 推定된다.

学習書는 문학 작품에 비해「みたいだ」에 대한 記述이 保守的이었음을 확인할 수 있었다. 즉, 明治期의「みたいだ」는 아직 学習書의 전면에 登場할 수 있을 정도로 사용되지 못했으며,「みたいだ」의 機能은「みたようだ」로 代替되어 나타나고 있다. 大正期에도 国定教科書에서의「みたいだ」의 使用은 制限的이었으며, 이것은 教科書의 規範性과「みたいだ」가 지닌 言語 位相이 상충되었기 때문에 일어난 現象으로 해석할 수 있을 것이다.

한편 辞典 속에 보이는「みたいだ」의 記述도 간과할 수 없는 資料的인 가치를 지닌 것으로 생각된다. 다만 辞典의 記述은 学習書보다 월등히 保守的인 태도를 보이고 있어 昭和 以前에는 語項目으로서「みたいだ」의 존재를 확인하는 것 자체가 쉽지 않다는 難点을 지니고 있다. 따라서 이 時期에는 辞典에 登載될 정도로「みたいだ」의 認識이 一般化되어 있다고는 할 수 없을 듯하다.

3.2.「みたいだ」의 定着期

이 時期의「みたいだ」에서 가장 중요한 변화는「推量」의 意味로 사용되는「みたいだ」가 登場한다는 점이다. 筆者의 調査에 따르면「推量」을 나타내는「みたいだ」가 사용되기 시작하는 것은『旅愁』(1937)에서이다.

大正・昭和 前期(1913-1945)에 들어서면 明治 後期까지만 해도 低俗한 표현에 냉소적인 뉘앙스를 가지고 사용되던「みたようだ/みたいだ」가 점점 中立的인 意味의 표현으로 전환되어 갔음을 확인할 수 있다. 이 시기에 특히 주목을 끄는 것은 年齢이나 親疎 関係와 상관없이 젊은 여성들이 「みたいだ」를 많이 使用한다는 점이다.

 B-01.「人の手紙を内証で読んだり、探偵みたいに跡をつけたり、
　　　　……あたしちやんと知つてゐるのよ」
　　　　　　　　　　　　　　　(痴人の愛、ナオミ→譲治、1924)
 B-02.「……体が雪のなかへすぽつと沈んでしまつて見えなくなる
　　　　の。さうして水泳みたいに、雪の底を泳ぎ歩くんですつて。」
　　　　　　　　　　　　　　　(雪国、駒子→島村、1935)
 B-03.「とにかく、あたしみたいな分らないもんにでも、蜂の巣突つ
　　　　いたみたいになつてゐることだけは、分りましたわ。」
　　　　　　　　　　　　　　　(紋章、敦子→雁金、1930)
 B-04.「それに自分の父親があなたのために、今のやうになつたんだ
　　　　と思ふと、その父親に寄宿してゐるみたいな恰好の自分が落
　　　　ち込んでしまつたことなんか、当然のことだと思つて、あき
　　　　らめてしまつたんぢやないかと思ふの。」
　　　　　　　　　　　　　　　(紋章、敦子→雁金、1930)

 B-01, 02는 중립적인 의미로 사용된「みたいだ」의 예문이며, B-03, 04의『紋章』에서는 対話文에 처음으로「用言(動詞) + みたいだ」가 등장하는 예문이다. 단지 이때의「みたいだ」는「推量」의 의미가 아닌「様態」의 의미로 사용되고 있음에 주의할 필요가 있다.

 B-05.「しばらく気が抜けたみたいに静かだつたが、ふと思ひ出して
　　　　突きさすやうに、」　　　　　(雪国、地文、1935)
 B-06.「「ああつ、駒ちやん、行男さんが、駒ちやん。」と、葉子は息
　　　　切れしながら、ちやうど恐ろしいものを逃れた子供が母親に
　　　　縋りつくみたいに、駒子の肩を掴んで、」

(雪国、地文、1935)

B-07.「論爭のない世界といふ奴は面白くないものだな。仕事がなくなつた<u>みたいで</u>、いやに仲ばかり良くなるのは、これや、神さま何か間違つてるぞ。」　　　　（旅愁、久慈→矢代、1937）

B-08.「下のお堂から、弥撒のパイプオルガンが静かに響いて來るし、聖歌を枕にしてる<u>みたいで</u>、うつとりいい気持ちに眠くなるし、セーヌ河が真下で木の芽を吹いてゐるしね。」
（旅愁、塩野→久慈、1937）

B-09.「何んだか、僕ひとり落第した<u>みたいで</u>、さみしいね。」
（旅愁、矢代→一同、1937）

『紋章』(1930)에서 처음으로 対話文에서「用言(動詞) + みたいだ」가 나타난 이후, B-05, 06의『雪国』(1935)에서는 地文에서「用言(動詞) + みたいだ」의 形式이 등장한다. 그리고 B-07, 08, 09에 보이는『旅愁』(1937)의 例文과 같이「推量」을 나타내는「みたいだ」가 등장하게 되는데, 이것은 이 時期에「みたいだ」의 質的 変化가 시작된 것을 의미하는 現象으로 보아야 할 것이다.

그러나 1930-40年代의「みたいだ」는 어디까지나「様態」의 表現이 主流를 이루고 있었다고 보아야 할 것이다.『日本語表現文典』(1949年)의 다음과 같은 記述을 통해서 우리는 이 時期에는「推量」을 나타내는「みたいだ」의 意味・機能이 아직 일반적으로 認識되고 있지 않았음을 확인할 수 있기 때문이다.

「みたいだ」「みたやうだ」を、次のやうに活用する語に附けて用ひるのは、普通の言ひ方ではない。
○ 彼の辯舌は、水が<u>流れる</u>みたいだ。

○ 虫の鳴くみたいな(鳴くみたやうな)細い声。

　따라서「推量」의「みたいだ」가 완전히 定着되는 것은「みたいだ」의 語項目에「推量」의 意味가 記載되기 시작하는『新版 広辞林』(1968)이나『広辞苑』第2版補訂版(1975)에서부터이다. 이들 辞典의 記載 樣相으로 볼 때, 1960年代에 이르러「樣態」와「推量」을 基本的인 意味・機能으로 갖는「みたいだ」가 완전히 정착된 것으로 보인다.

3.3.「みたいだ」의 完成期

　이 時期는 1960年代에서 1980年代에 이르는 期間으로 想定할 수 있을 것으로 생각된다.

　昭和 後期는「みたようだ」가 자취를 감추고「みたいだ」의 사용 빈도가 폭발적으로 증가된 時期이다. 또한 前 時期에서는 상대적이긴 하지만 젊은 여성들이 많이 使用했던「みたいだ」가 이 時期에 이르면 남녀 구별 없이 10대에서 老年層까지 많이 使用하고 있음이 확인된다. 그러나 무엇보다 이 時期의「みたいだ」의 특징으로는「推量」을 나타내는「用言 + みたいだ」의 일반화와 더불어 C-01의 用例와 같이 단독으로 사용되는「みたいだ」의 등장을 들 수 있을 것이다.

　　C-01.「課長待ちでね。」
　　　　　「そうか。」用心深く杉人は答えた。
　　　　　「人事に呼ばれたのだろ？」

「——みたいね。」　　　　　（五月巡歴、杉人→北畑、1977）

이와 같은「みたいだ」는 1980년대에 들어와 一般化되는 경향을 보인다. 이것은 일종의「みたいだ」의 自立語化 傾向으로도 해석할 수 있는데,「推量」의「みたいだ」가 완전히 정착된 다음 단계에서 보이는 現象으로서 주목된다.

C-02.「自然現象ですか？」
　　　「みたいなものですね。どうもそんな気がする」
　　　　　　　　　　　　　　　（裏声で歌へ君が代、梨田→林、1982）
C-03.「あれには裏があつたんですよ。今だから話せる、みたいなものですが」　　　（裏声で歌へ君が代、林→梨田、1982）
C-04.「『死人に口なし』みたいな、この豪華な交遊録の例外としては現存のアメリカ人が一人がゐて」
　　　　　　　　　　　　　　　（裏声で歌へ君が代、地文、1982）

이와 같은「断定 回避」의「みたいだ」에 대해서는 이 時期의 学習書의 記述에서도 변화가 진행되고 있음을 알 수 있다. 즉,『文法Ⅱ 教師用日本語教育ハンドブック』(1982)에서는「みたいだ」에 관련된 記述을「比況を表す言い方」와「推量・推定・推測などを表す言い方」로 나누어서 설명하고 있던 것이『文法Ⅱ 教師用日本語教育ハンドブック』(1995)에 이르면 다음과 같은 설명이 추가되고 있다.

「みたいだ」は、「ようだ」と意味・用法はほぼ同じであるが、日常的なくだけた話しことばで用いられるものである。つまり、必ずしも客観性を備えていない根拠に基づく推測を表すのに用いられたり、断

정을 避ける意図で用いられたりする。

　学習書의 保守的인 性格을 勘案할 때, 이와 같은 내용의 추가는 80年代 이후 「みたいだ」의 意味・機能이 「斷定 回避」쪽으로 확대된 사실과 무관하지 않을 것으로 추측된다. 이미 1980年代에 접어들어 「みたいだ」의 言語 位相이 크게 변했음을 반영한 결과일 것이다. 따라서 1980年代는 「みたいだ」의 表現用法에 「斷定 回避」가 추가됨과 함께 오늘날과 같은 모습의 「みたいだ」의 意味・機能이 完成된 것으로 推定된다.

3.4. 「みたいだ」의 拡散期

　1980年代 以後의 「みたいだ」는 소위 「ぼかし言葉」나 「トカ弁」으로 일컬어지는 젊은 층의 言語 表現 속에서 한층 그 사용이 拡大되어 가고 있음을 알 수 있다.
　이 時期의 「みたいだ」의 특징으로는 『五月巡歴』(1977)이후, 다음과 같이 단독으로 사용되는 「みたいだ」가 빈번하다는 점이다.

　　D-01.「とにかくね、うちの家族ってみんなちょっと変ってるのよ。
　　　　　　どこか少しずつずれてんの」
　　　　　「みたいだね」　　　（ノルウェイの森(上)、僕→ミドリ、1987)
　　D-02.「「あなたもだんだん世の中のしくみがわかってきたみたいじゃ
　　　　　　ない。」
　　　　　「みたいですね」と僕はいった。」
　　　　　　　　　　　　　　（ノルウェイの森(下)、レイコ→僕、1987)

이것은 결국 斷定이나 자기주장을 피하고자 하는 전통적인 일본인의 언어 심리가 「みたいだ」와 결합한 결과 이루어진 表現 用法이라고 말할 수 있을 것이다. 이와 같은 傾向이 젊은이들이 사용하는 口語의 세계에서 「ぼかし言葉」나 「トカ弁」의 「みたいだ」에 의해서 증폭되고 있는 것이다. 이와 더불어 특히 이 時期의 「みたいだ」는 다음과 같은 表現의 類型化가 진행되고 있음을 하나의 특징으로 指摘할 수 있을 것이다.

 D-03.「まるで僕の手じゃないみたいだ。」
         (羊をめぐる冒険(上)、地文、1982)
 D-04.「僕の脳味噌も、僕の脳味噌じゃないみたいだ。」
         (羊をめぐる冒険(上)、地文、1982)
 D-05.「こんな風にしてるとなんだか昔みたいじゃない?」
         (ノルウェイの森(上)、直子→僕、1987)
 D-06.「これじゃまるで彼女の言葉探し病が僕の方に移ってしまったみたいじゃないか、と。」
         (ノルウェイの森(上)、地文、1987)
 D-07.「それどういう意味よ、僕がまるで知恵遅れそのものみたいじゃない?」
         (テニスボーイの憂鬱(下)、キジマさん→青木、1985)
 D-08.「だって、これって、まるで肉食人種の会話みたいじゃない?」
         (放課後の音符、地文、1989)
 D-09.「それじゃあ、眠り病にかかるみたいじゃないか」
         (トラッシュ、リック→ココ、1991)
 D-10.「まるでカフェ・オ・レの精みたいに見える」
         (ダンス・ダンス・ダンス(下)、僕→ユキ、1988)
 D-11.「大人になったみたいに見える」
         (ダンス・ダンス・ダンス(下)、僕→ユキ、1988)

D-12.「何もかもが夢みたいに思える」
　　　　　　　(ダンス・ダンス・ダンス(下)、五反田君→僕、1988)
D-13.「でもきっと僕の言ってることは馬鹿みたいに聞こえるんだろうね」
　　　　(ダンス・ダンス・ダンス(上)、僕→眼鏡をかけた女の子、1988)
D-14.「だって、咲とも、乙彦とも、私とも、古い知り合いみたいな気がしない?」　　　　　(NP、箕輪→私、1992)
D-15.「ひとりで昼間、こんなところに寝ていると、そして四角天井に映る陽の光を見ていると、何だかずるをして保健室に来ているみたいな気がした。」　　　(アムリタ下、地文、1993)

　D-03～D-09는「みたいじゃない」의 形式, D-10～D-13은「みたいに見える」「みたいに思える」「みたいに聞こえる」와 같이 知覺動詞와 結合한「みたいだ」의 表現 類型이다. D-14, 15는「みたいな気がする」와 같은 形式으로「斷定 回避」와 通하는 表現 類型이라 할 수 있을 것이다. 이러한 現象이 前提가 되어「斷定 回避」의「みたいだ」는 多用하게 된다.

D-16.「おい、いまの音、聞いたか」
　　　「へぇ、なんや鉄砲みたいな音しましたな」
　　　「みたいなやらへん。あらほんまに鉄砲の音や」(告白、平16年)
D-17.「こう水分に城戸熊太郎ちゅうもんいてる?」みたいなことはこれは絶対訊くだろう。訊かれた方は特に深い考えもなしに、「おるよ」と答える。　　　　　　　(告白、平16年)
D-18. まあ、あの、まあ六月ぐらいからですねぇ、ひどいっていうか、あんまり無茶苦茶な、ちょっとあれが続くものですから、どんなものかなー、って思ったっていうか、まあこんな感

じか、いつまで続くんだろうか、みたいなことがちょっとあれだったものですから」（町田康、浄土、平17年）

D-19.「三十二にもなって親のスネかじりをしている私は、こうも、まっとうな人間からすると目ざわりらしいのです。だから、しょっちゅう、それでいいのか、みたいなことを言われます」
（夜のかけら、平13年）

D-20. 次はどんな会社に行くの」佐々木さんという、わたしより少しだけ年下の女の子が聞いた。
「コンピューター関係の会社みたいです」
「みたいですって、あいかわらずマイペースねえ、菅沼さんは」佐々木さんは笑った。　　（古道具 中野商店、平17年）

D-21.「一回ぶんって、セックスの一回ぶん」指を口にふくんだままミドリ子は言ったので、声がくぐもった。
「それは、どういう意味」
「どういう意味って、そういう意味」
「あの、契約、みたいなこと？」
「というわけではないのだけれど」　　　　（いとしい、平12年）

D-22. 私も一人じゃそんなとこ行けないからさあ、もう食って風呂、飲んで風呂、ピンポンやって風呂、また食って風呂、んでキミが寝てる間になぜか私は仕事？でも悩みそふやけてる〜、みたいな。どうよ？（ニート、平17年）

D-23. 井上 ぼくが最も危惧するのは、「あなたと寝たい」みたいなメールが突然入って、どないしようと思いつつ、のこのこ現場に行ったら、周りに顔見知りがたくさんいて「ああ、やっぱ来よった、アホや、アホや」と言われる、これが恐ろしい。
（ぼくたち、Hを勉強しています、平18年）

D-24. 贅沢を教えるものだから、このあと一体いくら請求されるんだろう、みたいな感じってありますよね。（笑）

(読書の方法、平13年)
D-25.「離乳期の記憶が大人になっても残っているのですか」
「刷り込み、みたいですね。」
少なくとも重要なインパクトを与える学習といえるだろう。
(人間は脳で食べている、平17年)

D-16～19에서는「～という」와 같은 直接 引用을 대신하여 사용하고 있으며, D-20에서는 引用句를 명사로 취급하고 있으며, D-21에서는 내용의 주제의 軽量化를, D-22에서는 화자의 막연한 바람을, D-23에서는 쑥스러운 대화 내용을 완화시키려는 의도에서 사용하고 있고, D-24에서는 대담의 형식에서 이러한 형식이 자주 사용되고 있는 것도 하나의 특징이라 할 수 있다. D-25에서는 일반적으로 알고 있는 사실을 완곡하게 표현하는 등 다양한 의미에서 사용이 되고 있는 것을 알 수 있다.

한편 이 時期의 学習書와 辞典에는 아직「ぼかし言葉」나「トカ弁」의「みたいだ」에 대해서는 적극적으로 記述되고 있지 않다. 역시 学習書나 辞典의 規範性과 젊은 층의 言語 現実이 상충되고 있기 때문에 나타나는 現象으로 이해할 수 있을 것이다.

특히 辞典의 경우, 1970年代 이후에는「みたいだ」의 記述 態度에 큰 변화 없이 오늘에 이르고 있다는 점에서 言語 研究에 있어서 資料的 保守性과 限界를 함께 指摘할 수 있을 것이다.

第4章
結論

지금까지 明治 前期에서부터 現代에 이르기까지의 日本語 助動詞 「みたいだ」의 変化 様相을 문학 작품과 学習書, 辞典의 記述을 중심으로 검토해 보았다. 言語 現実을 실시간대로 반영하는 문학 작품과 함께 이를 상호 보완하는 자료로서 学習書와 辞典의 記述을 이용해보고자 시도한 것이다. 그 결과 「みたいだ」의 変化 様相을 보다 立体的으로 파악할 수 있었다.

이상과 같은 諸現象을 종합해 보면 日本語 助動詞 「みたいだ」의 意味・機能은 대략 다음과 같이 展開되어 세력을 확장해 간 것으로 정리할 수 있다.

Ⅰ. 1880年代~1930年代 : 形成期(「様態」의 「みたいだ」의 定着)
 (ⅰ) 「体言 + みたいだ」
Ⅱ. 1930年代~1960年代 : 定着期(「推量」의 「みたいだ」의 定着)
 (ⅰ) 「体言 + みたいだ」

(ⅱ)「用言 + みたいだ」
Ⅲ. 1960年代～1980年代 : 完成期(「斷定 回避」의「みたいだ」의 定着)
(ⅰ)「体言 + みたいだ」
(ⅱ)「用言 + みたいだ」
(ⅲ)「みたいだ」의 自立語化
Ⅳ. 1980年代 以後 : 拡散期(「ぼかし言葉」와「とか弁」의 流行)
(ⅰ)「体言 + みたいだ」
(ⅱ)「用言 + みたいだ」
(ⅲ)「みたいだ」의 自立語化
(ⅳ)「ぼかし言葉」와「とか弁」속에서의 断定 回避의「みたいだ」

즉 Ⅰ은 明治 年間의「みたいだ」의 形成期(潜伏期)를 거쳐「体言 + みたいだ」형식으로서의「様態」표현이 정착되어 간 時期를 意味하며, Ⅱ는 여기에「様態」의「用言 + みたいだ」를 거쳐「推量」의「用言 + みたいだ」형식이 정착되어간 時期를 말한다.「みたいだ」의 言語 位相에 있어서도 Ⅰ의 時期에는 상대적으로 冷笑的이거나 自嘲的인 문맥 속에 등장하기 쉽다는 속성을 지녔던 것이 Ⅱ의 時期에는 완전히 중립적인 位相으로 전환되었다.

Ⅲ은 이른바 단독으로 사용되는「みたいだ」, 즉 附属語인 助動詞的으로 쓰이던「みたいだ」가 自立語化된 用法을 획득해 간 時期를 말한다. 이와 같은 自立語化된「みたいだ」의 意味・機能을 여기에서는「斷定 回避」로 命名하였다. Ⅳ는「様態」와「推量」「断定 回避」등의 표현 기능을 획득한「みたいだ」가「ぼかし言葉」나「とか弁」속에서 유행되어 가는 時期를 말하는 것으로, 이 時期에 있어서「みたいだ」의 사용 빈도는 폭발적으로 증가하게 되고 断定 回避의「みたいだ」또한 증폭하게 된다.

明治에 발생한 「みたいだ」는 이상과 같은 過程을 거치면서 現在의 상황에 이르러, 이른바 「みたいだ」万能時代를 연출하게 된 것으로 생각된다.

최근에 보이는 「ぼかし言葉」나 「トカ弁」은 文献에서 検証되지 않은 관계로 이러한 現像에서 「みたいだ」의 社会言語学的인 측면이 요구된다.

参考文献

구인모(1991) 「국문운동과 언문일치」『국어국문학논문집』第18輯 동국대학교
金東郁(1992) 『「ようだ」と「らしい」のモダリティ』筑波大学大学院文芸・言語研究科修士学位論文
金敏洙(1982) 『新国語学史』一潮閣
김보은(2000) 「ダブルテンスの推定形式のするようだのムード・テンス的な性格について」『日語日文学』第15輯
＿＿＿(2002) 「근대 일본과 한국의 언문 일치 운동」『日本学報』第52輯
＿＿＿(2003) 「현대 일본어의 추정형식―ようだ의 양상」『日本学報』第54輯
＿＿＿(2003) 「추정 형식인 ようだ의 사용의미」『日語日文学』第20輯
＿＿＿(2004) 「『みたようだ』에서『みたいだ』의 변천과정(1)」『日語日文学』第21輯
＿＿＿(2004) 「『みたようだ』에서『みたいだ』의 변천과정(2)」『日語日文学』第22輯
＿＿＿(2006) 「みたいだ」의 斷定 回避(1)『日語日文学』第31輯
＿＿＿(2007) 「みたいだ」의 斷定 回避(2)『日語日文学』第35輯
金良宣(2001) 「現代日本語における「みたいだ」意味分析」『日本学報』第49輯
李康民(1998) 「아스톤本『交隣須知』의 日本語」『日本学報』第41輯
＿＿＿(2001) 「近代 日本語의 可能表現」『日本語文学』第11輯
＿＿＿(2002) 「메이지(明治)期 英学資料에 보이는 日本語의 諸相」『日本語文』15輯
李德培(1998) 「일본어 조동사 ちゃう의 初出 시기와 位相에 관한 연구」『日本学報』第41輯
＿＿＿(1999) 「明治時代의 ちゃう 사용실태에 관한 사회언어학적 고찰」『日本学報』第43輯
＿＿＿(2000) 「明治時代의 ちまう와 ちゃう」『日本学報』第44輯
＿＿＿(2001) 「明治時代의 ちゃう에 관한 話用論的 고찰」『日本学報』第46輯
이기문(1984) 「개화기의 국문사용에 관한 연구」『한국문화』5 서울대학교 한국문화연구소
이기동(1976) 「조동사의 의미 분석」『문법연구』제3집 탑출판사
李秉根(1978) 「開化期의 語文政策과 表記法問題」『韓国学報』第12輯
임종석(2004) 『일본 문학사』제이 앤 씨
유창균(1987) 『国語学史』蛍雪出版社
최 관(2000) 『일본 문화의 이해』학문사
崔炳奎(1998) 「日本語의 推量表現分析에 관한 考察」-(らしい)와 (ようだ)를 中心으로- 日語教育 第12輯

井上文雄(1998)『日本語ウォッチング』岩波新書
大野晋(1988)『日本語の文法(古典編)』角川書店
大野晋・丸谷才一(1983)『日本語の世界16』中央公論社
大野晋外(1991)『日本語相談(全四巻)』朝日新聞社
＿＿＿＿＿外(1992)『日本語相談(全五巻)』朝日新聞社
大槻文彦(1909)『言海』吉川弘文館
＿＿＿＿＿(1944)『大言海』富山房
金沢庄三郎(1950)『広辞林』三省堂
＿＿＿＿＿(1968)『新版 広辞林』三省堂
金田一京助(1952)『辞海』
柏岡珠子(1980)「ヨウダとラシイに関する一考察」(『日本語教育』41号)
柄谷行人(1984)「日本近代文学の起源」講談社
菊地康人(2000)「「ようだ」と「らしい」―「そうだ」「だろう」との比較も含めて―」
　　　　　　(『国語学』第51巻1号)
北原保雄(2004)『問題な日本語』大修館書店
＿＿＿＿＿(2005) 続弾『問題な日本語』大修館書店
＿＿＿＿＿(2005)『問題な日本語』その3　大修館書店
＿＿＿＿＿(2005)「問題な日本語」はなぜ氾濫する 文芸春秋
木下りか(1998)「ヨウダ・ラシイ―真偽判断のモダリティの体系における「推論」」
　　　　　　(『日本語教育』96号)日本語教育学会 1998
工藤浩(1982)'叙法副詞の意味と機能―その記述方法をもとめて―」(国立国語研
　　　　　　究所報　告71)『研究報告書3』
工藤浩・小林賢次・真田信治 他(1993)『日本語要説』ひつじ書房
黒田徹・宇田川義明(1988)「「らしい」「ようだ」は「だろう」と違うを具体例として―」
　　　　　　(『国文学解釈と鑑賞』)至文堂
久保田淳 外(1996)「岩波講座 日本文学史第12・13巻」岩波書店
小島俊夫(1972)「会話編(E.Satow)にあらわれた江戸ことば」『国語国文』41-5
小矢野哲夫(1996)「現代若者ことば考」『ユースネットワーク』ユースサービス大阪
柴田謙介(2005)『ものは言うようで腹が立つ』サンマーク出版
山東功(2002)『明治前期日本文典の研究』和泉書院
陣内正敬(1889)『日本語の現在』アルク
柴田武・国広哲弥・長嶋善郎・山田進(1976)『ことばの意味1』平凡社
白石大二(1950)『国語教育辞典』東京堂
＿＿＿＿＿(1952)『助動詞小辞典』岩波書店
進藤咲子(1970)「開花期の言語の様相」『東京女子大学比較文化研究所紀要』

新村出(1961)『広辞苑 第1版』岩波書店
＿＿＿＿＿(1978)『広辞苑 第2版補版』岩波書店
＿＿＿＿＿(1998)『広辞苑 第5版』岩波書店
＿＿＿＿＿(1981)『明治時代語の研究』明治書院
杉捷夫(1956)「再び「みたい」について、など」『言語生活』筑摩書房
鈴木英明(1988)「明治期以降のラシイの変貌」『国語国文』57-3
鈴木暢幸(1906)『日本口語文典』博文館
関 正昭(2002)『日本語教育史研究序説』スリーエーネットワーク
関川夏央(1998)「二葉亭四迷の明治四十一年」文芸春秋
田中章夫(1998)「標準語法の性格」『日本語科学』4
田野村忠温(1991)「『らしい』と『ようだ』の意味の相違について」
(『京都大学言語学研究』10)
高橋太郎(1994)「ダブルテンス研究のすすめ」(立正大学『国語国文』二十九号)
俵万智(2003)『言葉の虫めがね』角川文庫
辻大介(1999)「若者語と対人関係」『東京大学社会情報研究所紀要』57号
寺村秀夫(1979)「ムードの形式と意味(1)-概言的報道の表現-」(『文芸言語研究(言
　　　　　語篇)第5巻』筑波大学文芸・言語学系)
＿＿＿＿＿＿(1984)『日本語のシンタクスと意味Ⅱ』くろしお出版
土井光知(1933)『基礎日本語』六星館刊行
時枝誠記・成瀬正勝(1968)『新訂 新しい国語』東京書籍
永野 賢(1957)「場面とことば」(『講座 現代国語学1』)筑摩書房
中村通夫(1957) NHK国語講座 現代語の傾向 宝文館
中畠孝幸(1990)「不確かな判断―ラシイとヨウダ―」(三重大学 『日本語文学』1号)
西出郁代(1958)「「研究ノート」Ⅱ「ようだ」による表現」(『日本語・日本文化』第3号
　　　　　―山本みち教授退官記念特集―)大阪外国語大学研究留学生別科
野口武彦(1994)「三人称の発見まで」筑摩書房
野林靖彦(1999)「類義のモダリティ形式「ヨウダ」「ラシイ」―三水準にわたる重層
　　　　　的考察―」(『国語学』197集)
前田愛(1996)『文学テクスト入門』ちくま学芸文庫
前間恭作・藤波義貫共訂(1905)『校訂交隣須知』
益岡隆志(1991)『モダリティの文法』くろしお出版
松村明(1957)『古典語・現代語助詞助動詞詳説』学灯社
＿＿＿＿＿(1970)『洋学資料と近代日本語の研究』東京堂出版
＿＿＿＿＿(1977)『近代の国語 -江戸から現代へ-』桜楓社
丸山和雄・岩崎摂子(1999)『チャプレン著「日本口語文典」全訳』おうふう

南不二男(1974)『現代日本語の構造』大修館書店
宮島達夫、仁田義雄編(1995)『日本語類義表現の文法(上)単文編』くろしお出版
宮地幸一(1968)「「～みたやうだ」から「～みたいだ」への漸移相」(東京学芸大・『国語国文学』第三号)
三宅知宏(1995)「「推量」について」(『国語学』183集)
森山卓郎(1992)「日本語における「推量」をめぐって」(『言語研究』101)
森山卓郎外(2000)『モダリティ』(日本語の文法3) 岩波書店
森岡建二(1969)「日本語の歴史-近代-」『国文学解釈と鑑賞』427号
原口裕(1974)「「みたやうだ」から「みたいだ」へ」(静岡女子大学『研究紀要』第7号)
橋本五郎(2002)『新日本語の現場』中公新書 ラクレ
早津恵美子(1988)「「らしい」と「ようだ」」(『日本語学』7巻4号(4月号))
福島邦道(1990)『明治14年版交隣須知本文及び総索引』笠間書院
飛田良文(1975)「近代語研究の資料」『文学・語学』66号
＿＿＿＿＿(1977)「英米人の習得した江戸語の性格」『国語学』108輯
山梨正明(1992)『推論と照応』くろしお出版
山本正秀(2001)『近代文体発生の史的研究』岩波書店
吉田金彦(1971)『日本語助動詞の史的研究』明治書院
吉田澄夫(1952)『現代語』(『論集 日本語研究』15) 有精堂
吉川武時(1971)「現代日本語動詞のアスペクトの研究」(『日本語動 詞のアスペクト』)むぎ書房
湯沢幸吉郎(1944)『現代語法の諸問題(著作集3)』勉誠社
＿＿＿＿＿＿(1953)『解説日本文法』明治書院
＿＿＿＿＿＿(1953)『口語法精説』明治書院
＿＿＿＿＿＿(1980)『現代語法の諸問題』強誠社
米川昭彦(1999)「若者ことば辞典」東京堂出版
日本放送協会編(1957)『NHK国語講座・現代語の傾向』宝文館
『現代語の助詞助動詞』(1951)—用法と実例—国立国語研究所
『文法Ⅱ』(1982)教師用日本語ハンドブック④ 国際交流基金
『文法Ⅱ』(1991)教師用日本語ハンドブック④ 国際交流基金
『文法Ⅱ』(1995)教師用日本語ハンドブック④ 国際交流基金
『国語に関する世論調査』(2001) 文化庁
『国語に関する世論調査』(2007) 文化庁
「現代用語の基礎知識」(2007) 自由国民社
『日本語教師教養シリーズ1』(2004)文化・社会・地域 東京法令出版
『日本語教師教養シリーズ2』(2004)言語一般 東京法令出版

『尋常小学国語読本 修正本』(1917) 文部省 秋元書房
日本語教育振興会(1944)『日本語表現文典』国際文化振興会
『普通学校 国語読本』(1930) 朝鮮総督府 朝鮮書籍 印刷株式会社
B. H. Chamberlain(1889)『日本語口語入門』笠間書院
ERNEST SATOW(1873) *KUAIWA HEN* Lane, Crawford & Co.
Hepburn(1867)『和英語林集成 第1版』Z. P Maruya & Co. Limited
_____(1872)『和英語林集成 第2版』Z. P Maruya & Co. Limited
_____(1886)『和英語林集成 第3版』Z. P Maruya & Co. Limited
Samuel E. Martin(1962) *ESSENTIAL JAPANESE* Tuttle Co.
W. G. Aston(1888)『日本口語文典』Crawford & Co. Publishers

[資 料]
坪内逍遥 「清治湯講釈」『明治の文学 第4巻』筑摩書房 明15(1882)
_____ 「当世書生気質」『明治の文学 第4巻』筑摩書房 明18—19(1885-1886)
_____ 「京わらんべ」『明治の文学 第4巻』筑摩書房 明19(1886)
山田美妙 「武蔵野」『明治の文学 第10巻』筑摩書房 明20(1887)
_____ 「柿山伏」『明治の文学 第10巻』筑摩書房 明21(1888)
_____ 「花ぐるま」『明治の文学 第10巻』筑摩書房 明21(1888)
尾崎紅葉 「風流京人形」『明治の文学 第6巻』筑摩書房 明21(1888)
二葉亭四迷 「浮雲」『明治の文学 第5巻』筑摩書房 明22(1889)
坪内逍遥 「細君」『明治の文学 第4巻』筑摩書房 明22(1889)
川上眉山 「大さかづき」『明治文学全集 20』筑摩書房 明23(1890)
_____ 「墨染桜」『川上眉山全集』明28(1895)
尾崎紅葉 「青葡萄」『明治の文学 第6巻』筑摩書房 明28(1895)
広津柳浪 「変目伝」『明治の文学 第7巻』筑摩書房 明28(1895)
_____ 「今戸心中」『明治の文学 第7巻』筑摩書房 明29(1896)
尾崎紅葉 「金色夜叉」『日本現代文学全集 第5巻』講談社 明30(1897)
国木田独歩 「牛肉と馬鈴薯」『明治の文学 第22巻』筑摩書房 明34(1901)
二葉亭四迷 「平凡」『明治の文学 第5巻』筑摩書房 明40(1907)
夏目漱石 「三四郎」『明治の文学 第21巻』筑摩書房 明41(1908)
_____ 「それから」『漱石全集 第4巻』筑摩書房 明42(1909)
森鴎外 「雁」『明治の文学 第14巻』筑摩書房 明44—大2(1911-1913)
夏目漱石 「彼岸過迄」『漱石全集 第5巻』岩波書店 明45(1912)
_____ 「行人」『漱石全集 第5巻』岩波書店 明45(1912)

_____「こゝろ」『漱石全集 第6巻』岩波書店 大3(1914)
_____「道草」『漱石全集 第6巻』岩波書店 大4(1915)
_____「明暗」『漱石全集 第7巻』岩波書店 大5(1916)
谷崎潤一郎「痴人の愛」『谷崎潤一郎全集 第15巻』中央公論社 大14(1924)
徳永直「太陽のない街」『日本の文学 39』中央公論社 昭4(1929)
横光利一「紋章」『日本文学全集 29』新潮社 昭5(1930)
川端康成「雪国」『日本文学全集 30』新潮社 昭10(1935)
横光利一「旅愁」『昭和文学全集 1』角川書店 昭12(1937)
高見順「如何なる星の下に」『日本文学全集 49』新潮社 昭14(1939)
谷崎潤一郎「細雪」『日本文学全集 16』新潮社 昭18(1943)
太宰治「斜陽」『太宰治全集 9』筑摩書房 昭22(1947)
_____「人間失格」『太宰治全集 9』筑摩書房 昭23(1948)
川端康成「山の音」『日本文学全集 30』新潮社 昭24(1949)
三島由起夫「仮面の告白」『現代日本文学大系 85』筑摩書房 昭24(1949)
坂口安吾「復員殺人事件」『坂口安吾全集 11』筑摩文庫 昭25(1950)
_____「金銭無情」『坂口安吾全集 5』筑摩文庫 昭33(1958)
大江健三郎『われらの時代』新潮文庫 昭34(1959)
谷崎潤一郎「瘋癲老人日記」『日本の文学 25』中央公論社 昭37(1962)
三島由紀夫「午後の曳航」『昭和文学全集 15』小学館 昭38(1963)
丸谷才一『笹まくら』新潮文庫 昭41(1966)
中上健次「岬」新潮社 昭50(1975)
黒井千次『五月巡歴』河出文庫 昭52(1977)
丸谷才一『裏声で歌へ君が代』新潮社 昭57(1982)
村上春樹『羊をめぐる冒険(上下)』講談社文庫 昭57(1982)
大江健三郎『新しい人よ眼ざめよ』講談社 昭58(1983)
村上竜『テニスボーイの憂欝(上下)』集英社 昭60(1985)
村上春樹『ノルウェイの森(上下)』講談社 昭62(1987)
_____『ダンス・ダンス・ダンス(上下)』講談社文庫 昭63(1988)
山田詠美『放課後の音符』角川文庫 平1(1989)
吉本ばなな『白河夜船』福武書店 平1(1989)
山田詠美『トラッシュ』文芸春秋 平3(1991)
吉本ばなな『NP』角川文庫 平4(1992)
_____『アムリタ(上下)』角川文庫 平5(1993)
川上弘美『いとしい』幻冬舎文庫 平12(2000)
町田康『夫婦茶碗』新潮文庫 平13(2001)

藤堂志津子『夜のかけら』講談社文庫 平13(2001)
吉本隆明『読書の方法 なにを、どう読むか』光文社 平13(2001)
藤堂志津子『ひとりぐらし』文春文庫 平14(2002)
菊谷匡祐『開高健のいる風景』平14(2002)
町田康『告白』中央公論新社 平16(2004)
小谷野敦『評論家入門』平凡社新書 平16(2004)
町田康『浄土』講談社 平17(2005)
川上弘美『古道具 中野商店』新潮社 平17(2005)
糸山秋子『ニート』角川書店 平17(2005)
湯川豊『夜明けの森、夕暮れの谷』マガジンハウス 平17(2005)
森絵都『アーモンド入りチョコレートのワルツ』角川文庫 平17(2005)
村上春樹『東京奇譚集』新潮社 平17(2005)
古川日出男『ベルカ、吠えないのか?』文芸春秋 平17(2005)
山本一郎『「俺様国家」中国の大経済』文春新書 平17(2005)
鹿島茂『オール・アバウト・セックス』文春新書 平17(2005)
伏木享『人間は脳で食べている』ちくま新書 平17(2005)
丸谷才一「文芸春秋」平17(2005)
町田康『正直じゃいけん』角川春樹事務所 平18(2006)
村上春樹『ある編集者の生と死、文芸春秋』平18(2006)
村山由佳『星々の舟』文春文庫 平18(2006)
リリー・フランキー『東京タワー』扶桑社 平18(2006)
畠山重篤『牡蛎礼賛』文春新書 平18(2006)
鹿島茂vs井上章一『ぼくたち、Hを勉強しています』朝日文庫平18(2006)
高橋春男「サンデー毎日」平18(2006)
さかもと未明「週刊文春」平18(2006)
竹内久美子「週刊文春」平18(2006)
大石静「週刊朝日」平18(2006)
斎藤美奈子「週刊朝日」平18(2006)
小島信夫「新潮」平18(2006)
吉本隆明『真贋』講談社 平19(2007)
糸山秋子『豚キムチにジンクスはあるのか』マガジンハウス 平19(2007)

E. Satow *KUAIWA HEN* Lane Crawford & Co. 明治6年(1873)
W. G. Aston『日本口語文典』明治21年(1888)

B. H. Chamberlain『日本語口語入門』明治22年(1989)
前間恭作・藤波義貫共訂『校訂交隣須知』明治37年(1905)
文部省『尋常小学国語読本 修正本』大正7年(1917)
土井光知『基礎日本語』昭和8年(1933)
日本語教育振興会『日本語表現文典』昭和19年(1944)
S. E. Martin *ESSENTIAL JAPANESE* 第3版 昭和37年(1962)
時枝誠記・成瀬正勝『新訂 新しい国語』昭和43年(1968)
国際交流基金『文法Ⅱ教師用日本語教育ハンドブック』昭和57年(1982)
_____『文法Ⅱ教師用日本語教育ハンドブック』平成7年(1995)
Hepburn『和英語林集成 第1版』慶応3年(1867)
_____『和英語林集成 第2版』明治5年(1872)
_____『和英語林集成 第3版』明治19年(1886)
大槻文彦『言海』明治42年(1909)
_____『大言海』昭和19年(1944)
金沢庄三郎『広辞林』昭和25年(1950)
金田一京助『辞海』昭和27年(1952)
新村出『広辞苑 第1版』昭和36年(1961)
金沢庄三郎『新版 広辞林』昭和43年(1968)
新村出『広辞苑 第2版補訂版』昭和52年(1978)
_____『広辞苑 第5版』平成10年(1998)
米川 昭彦『若者ことば辞典』東京堂 出版(1999)
『現代用語の基礎知識』自由国民社(2007)

저자 김보은

약력   부산출생
경성대학교 일어일문학과 졸업
한양대학교 일어일문학과 졸업 (문학박사)
경성대학교 전임강사 역임
현 경성대학교 외래교수

저서   핵심일본어(공저)
교양일본어(공저)
논문「현대일본어의 추정형식 ようだ의 양상」등 다수

신일본어학총서 72
日本語 助動詞「みたようだ」에서
「みたいだ」으로의 変遷史

초판인쇄 2008년 10월 13일
초판발행 2008년 10월 20일

저자 김보은
발행 제이앤씨
등록 제7-220호

주소 서울시 도봉구 창동 624-1 현대홈시티 102-1206
전화 (02)992-3253(대)
팩스 (02)991-1285
전자우편 jncbook@hanmail.net
홈페이지 http://www.jncbook.co.kr
책임편집 안정은

ⓒ 김보은 2008 All rights reserved. Printed in KOREA

ISBN 978-89-5668-653-0 93830   정가 15,000원

· 저자 및 출판사의 허락없이 이 책의 일부 또는 전부를 무단복제·전재·발췌할 수 없습니다.
· 잘못된 책은 바꿔 드립니다.